atitude!
O QUE ninguém pode FAZER POR MIM

Mônica Z. P. Campetti
Geraldo Campetti Sobrinho

atitude!
O QUE
ninguém pode
FAZER POR
MIM

Brasília, 2008

Copyright © Geraldo & Mônica Campetti – 2008

LGE Editora Ltda.
SIA Trecho 03 Lote 1.760 – Parte A
Tel.: (61) 3362-0008 – Fax: (61) 3233-3771
lgeeditora@lgeeditora.com.br
www.lgeeditora.com.br

Editor
Antônio Carlos Navarro

Projeto gráfico
Luciano Carneiro

Revisão
Aristides Coelho Neto

Impressão e acabamento
LGE Editora Ltda.

Todos os direitos reservados. Nenhuma parte desta publicação pode ser fotocopiada, gravada, reproduzida ou armazenada num sistema de recuperação ou transmitida sob qualquer forma ou por qualquer meio eletrônico ou mecânico sem autorização por escrito dos autores.

DADOS INTERNACIONAIS DE CATALOGAÇÃO NA PUBLICAÇÃO – CIP

Campetti, Mônica Zarat Pedrosa.
    Atitude!: o que ninguém pode fazer por mim / Mônica Zarat Pedrosa Campetti e Geraldo Campetti Sobrinho; Apresentação de João Rabelo. – Brasília : LGE, 2008.
    131 p.

    Inclui referências e índice.

    ISBN 978-85-7238-303-5

    1. Comportamento. 2. Motivação. 3. Psicologia Organizacional. 4. Desenvolvimento Pessoal. 5. Capacitação Profissional. 6. Relacionamento Interpessoal. 7. Autoconhecimento. I. Título. II. Campetti Sobrinho, Geraldo. III. Rabelo, João P. (Apres.)

CDD 158.2

Sumário

APRESENTAÇÃO 7

1 ATITUDE: o que ninguém pode fazer por mim 11

2 ATITUDE: o que eu posso fazer por mim 17

3 AÇÃO: agentes de mudança ou observadores da realidade? 45

4 TEMPO: os desafios de uma nova dimensão 55

5 INTELIGÊNCIA: todo mundo é inteligente, inclusive você e eu 67

6 TENTATIVA: a solução ao seu alcance 77

7 UTILIDADE: a missão de cada um de nós 99

8 DECISÃO: momento de fazer as melhores escolhas 105

9 ESPERANÇA: o futuro pode ser melhor 113

Palavras finais 121

Referências 123

Índice 127

Apresentação

Nos períodos de transição, como os que estamos vivendo, aos olhos do observador, uma força inexorável parece desnudar o ser humano e, da massa, em percentual assombroso, desponta a fragilidade emocional, ao lado de modesta manifestação de grandeza e genialidade.

A insegurança, o desequilíbrio, a ansiedade, o medo ressumam dos comportamentos, massificando atitudes, quase sempre reprocháveis e/ou infelizes.

É hora, pois, de rebobinar o filme da existência, de acender lâmpadas nas consciências obscurecidas, de rebrotar mananciais nos desertos das mentes comprometidas.

Caminhar pelas avenidas do passado é imperativo, ainda que com feridas abertas na alma, mergulhar nos seus segredos e rearrumar as estradas da vida, transformando-as num poema de esperança.

Garimpar!

Sim, garimpar diamantes que guardamos na essência, soterrados hoje nos escombros do psiquismo enfermo.

Para conquistar o intento – atitudes!

Alguns estudiosos entendem que atitude somente têm aqueles que aprenderam que o melhor favor que se pode fazer à semente é enterrá-la na solidão da cova, para que ela dali intumesça e reviva plena de exuberância.

Talvez, por isso, filósofos como Aristóteles, Agostinho, Descartes, Spinoza discorreram sobre a metafísica, por entenderem que ela é a parte da filosofia que discursa sobre a alma humana, ultrapassando os limites estritamente físicos do cérebro, e defendem a metafísica como portadora das explicações para os indecifráveis fenômenos psicológicos que nos tecem como seres pensantes. O mundo bioquímico do cérebro, entendem eles, não pode explicar completamente as contradições dos pensamentos, o território das emoções, os vales dos medos.

A vida, desse modo, é um ponto de interrogação. Cada ser humano é uma grande pergunta em busca de uma grande resposta.

É nobre e recomendável, como orientam os autores, construir o hábito da meditação e nela questionar-se "Quem Somos", "O Que Somos", em que nos tornamos diante do caos da morte, "Qual o Sentido da Existência Humana"?!

Certamente, após algum tempo, encontraremos a assinatura do Criador no delírio do psicótico, no desespero de um deprimido, no perfume de uma flor, no sorriso de uma criança.

E, assim, descobriremos a beleza no silêncio, na solidão que enseja a reflexão; reescrever a nossa própria história, uma vez que o homem sem história é um livro sem letras.

Sem percebermos, vamos nos transformando em poetas da vida, que não produzem versos, mas que fazem da vida um constante poema de paz.

Precisamos, assevera Augusto Cury, deixar-nos extasiar pela natureza e observar que "as nuvens são como os andarilhos, vagam por lugares longínquos procurando espaço de descanso. Quando encontram, destilam lágrimas".

Dessa emoção, "o céu chora e o riso brota na natureza".

Por tudo isso, sensibilizado pela gentileza da incumbência dos nossos Geraldo e Mônica Campetti e profundamente gratificado, saúdo, com satisfação, a contribuição que esta obra pode representar para reerguer pessoas e direcioná-las na busca do equilíbrio da vida profissional e pessoal, levando-as à construção da plena alegria de viver apoiadas em atitudes seguras, equilibradas e saudáveis.

Este livro "Atitude! O que ninguém pode fazer por mim" nos ajuda a entender que no território das emoções não existem heróis, mas pessoas que desenvolvem, dia a dia, o seu potencial, sua força.

Boa jornada!

Brasília, 31 de março de 2007.

João Rabelo
Superintendente de Desenvolvimento Corporativo
Bancoob – Banco Cooperativo do Brasil S.A.

1

Atitude

O que ninguém pode fazer por mim

Falar sobre atitude não é fácil. Escrever sobre o assunto, talvez seja mais difícil ainda. Isso se dá porque seu estudo requer não apenas pesquisas teóricas, mas, sobretudo, vivência prática de experiências que facilitarão o entendimento do conceito de atitude e de como desenvolvê-la no cotidiano de nossa existência.

A literatura de auto-ajuda tem crescido bastante nos últimos anos. Isso provavelmente indica que as pessoas estão em busca de soluções para seus problemas ou de respostas para as suas questões. Nada mais natural.

Todavia, o grande número de livros disponíveis que incluem propostas de auxílio como se fossem receitas de medicamentos milagrosos ou fórmulas mágicas para sanar as enfermidades do mundo, incluindo a abordagem sobre atitude, não será suficiente para atender efetivamente as reais necessidades do ser humano, se não "tocar" na essência de sua natureza.

Para compreender o tema "atitude", é necessário que o indivíduo primeiro seja submetido ao processo de autopercepção, considerando-se que atitude é uma questão intrínseca do comportamento

1 ATITUDE: o que ninguém pode fazer por mim

humano. Nenhuma outra pessoa pode ter atitude por mim. Se um indivíduo teve a iniciativa de fazer algo, a ação deve ser creditada a ele e não a terceiros, pois a atitude é como cartão de crédito: pessoal e intransferível. E por mais que uma pessoa confie em você ou que você confie nela, a "troca de senhas" para acesso a informações pessoais jamais ocorrerá.

Atitude é a capacidade de lidar com coisas, circunstâncias e gente. É também o procedimento diante de uma situação. Ao mesmo tempo que é uma causa, porque gera mudança de comportamentos e altera o ambiente, ela sofre influência de fatores internos e externos à pessoa.

Os fatores externos são aqueles que independem da própria pessoa que está lidando com a situação, mas que acabam influenciando em seu comportamento. Os principais são:

- mudança de temperatura;
- espaço físico;
- ausência ou limitação de recursos;
- falta de apoio logístico; e
- comportamento de terceiros.

Os fatores internos são aqueles que devem ser trabalhados pela própria pessoa, ou seja, aqueles que dependem exclusivamente de sua atuação. É claro que toda ajuda é bem-vinda e tem seu valor. Pode vir de um terapeuta, de um aconselhamento, da leitura de

1 ATITUDE: o que ninguém pode fazer por mim

um livro... Mas, perceber a necessidade de mudança e querer mudar cabe ao próprio indivíduo. Isso implica revisar paradigmas, revisitar medos, manias e anseios, e alterar bases emocionais, psicológicas e cognitivas. É um processo de conquista gradativa, que ora destaca a necessidade do desenvolvimento de algumas áreas e habilidades, ora enfatiza a importância de modificar ações, pensamentos e sentimentos.

Precisamos dar atenção especial a esses aspectos de natureza íntima, e procurar empreender uma viagem para dentro de nós mesmos, pois a forma como eu me vejo, penso, sinto e percebo a realidade determinam a atitude que terei diante da vida.

É o que eu posso fazer por mim.

É o que você pode fazer por si mesmo.

E isso, simplesmente, faz toda a diferença!

2

Atitude

O que eu posso fazer por mim

Pessimista ou otimista?
O pessimista vê dificuldades em toda oportunidade.
O otimista vê oportunidades em todas as dificuldades.

Winston Churchill

O que faz uma pessoa ser diferente da outra? Por que em situações semelhantes, as pessoas agem de forma diferente? Será que podemos prever as reações das pessoas? Existem fórmulas para evitar o sofrimento e as frustrações? Enfim, o que posso fazer para ser alguém mais consciente de mim mesmo, sentir-me feliz pelo que sou e me relacionar melhor com os outros?

Estas e outras questões fazem parte de um processo interior de questionamentos, quando a insatisfação manifesta-se, despertando no indivíduo a vontade de se autodesenvolver, de buscar o aprimoramento de suas habilidades e competências por meio de atitudes direcionadas ao seu crescimento pessoal.

Desenvolver a autopercepção e a autoconsciência

A *Autoconsciência* é o momento de atenção reflexiva ou de autopercepção em meio a pensamentos e emoções diferenciados. É uma atenção imparcial, não reativa e não julgadora de estados interiores.

2 ATITUDE: o que eu posso fazer por mim

Daniel Goleman, em sua obra *Inteligência Emocional*, explica que a consciência é a meta para a compreensão dos sentimentos. Assim, à medida que se identifica mais claramente o que se passa dentro de cada pessoa, que tipo de emoção se está sentindo, facilitam-se o entendimento de como e o que fazer diante dessa emoção. A autoconsciência aguçada permite monitorar-se, observar-se em ação. O indivíduo que carece de autoconsciência não dispõe de informações necessárias para tomar decisões eficientes.

A *Autoconsciência* é estar consciente ao mesmo tempo do estado de espírito de que se está investido e dos pensamentos sobre esse estado de espírito. Posso sentir raiva de alguém ou por algum motivo, e a consciência de estar sentindo essa emoção oferece um efeito de potência sobre o que sinto. Tenho mais liberdade para optar entre agir com base nessa raiva ou tentar me livrar dela executando outras ações.

Há pessoas que se comportam como se mergulhadas, inundadas por suas emoções, sentindo-se incapazes de escapar delas, como se seus estados de espírito houvessem assumido o controle. São instáveis e não têm muita consciência dos próprios sentimentos, de modo que se perdem neles, em vez de terem alguma perspectiva. Em conseqüência, pouco fazem para tentar escapar desses estados de espírito negativos, achando que não têm controle sobre sua vida emocional. Muitas vezes, sentem-se "esmagadas" e emocionalmente descontroladas.

2 ATITUDE: o que eu posso fazer por mim

Outras pessoas agem de forma resignada. Vêem com clareza o que estão fazendo, tendem a aceitar seus estados de espírito e, portanto, não tentam mudá-los. Há pouca motivação para mudança.

Isso já aconteceu com você?

A falta de autopercepção, ou de consciência sobre si mesmo, pode causar danos devastadores, principalmente quando o indivíduo é defrontado por momentos de decisões que podem mudar o seu destino, como a carreira a seguir, o permanecer ou sair de um emprego seguro e passar para outro mais arriscado, com quem namorar ou casar, onde viver, o que alugar ou comprar. Essas decisões não são tomadas apenas racionalmente, exigem intuição e sabedoria emocional acumuladas de experiências passadas. É o que se costuma chamar de "ouvir a voz do coração", ou decodificar a linguagem da emoção.

A expansão da autoconsciência inicia-se pelo processo de introspecção, de autopercepção, a fim de explorar as próprias reações diante dos acontecimentos da vida. O trabalho de expansão de consciência requer mais especificamente:

- examinar o modo como normalmente procede nas situações;
- atentar para as cognições;
- entrar em contato com seus sentimentos;

2 ATITUDE: o que eu posso fazer por mim

- identificar as intenções das ações; e
- prestar atenção nas ações e reações.

A autopercepção possibilita-nos maior consciência de nossos estados de espírito no momento em que as situações ocorrem e, compreensivelmente, tornamo-nos mais sofisticados no trato de nossas vidas emocionais. A clareza com que sentimos as emoções pode reforçar outros traços de nossa personalidade: a autonomia e segurança de nossos próprios limites, gozar de boa saúde psicológica e até ter uma perspectiva positiva da vida. Quando entramos num estado de espírito negativo e não ruminamos nem ficamos obcecados com isso, podemos sair desse estado mais cedo. A vigilância que exercemos sobre nós mesmos ajuda-nos a administrar nossas emoções.

Modificar a forma de pensar e refletir sobre um problema

Conta uma pequena história que um índio norte-americano, já ancião, certa vez descreveu seus conflitos internos da seguinte maneira: "Dentro de mim há dois cachorros. Um deles é cruel e mau. O outro é muito bom. Os dois estão sempre brigando." Quando lhe perguntaram qual cachorro ganhava a briga, o ancião parou, refletiu e respondeu: "Aquele que eu alimento mais freqüentemente".

2 ATITUDE: o que eu posso fazer por mim

As impressões, interpretações, apreciações e expectativas que a pessoa tem de si própria, das outras pessoas e das situações, fazem parte da nossa estrutura cognitiva. Essa estrutura é influenciada por vários fatores que configuram a personalidade, a história de vida, experiências anteriores, talentos, princípios religiosos, etc.

Adquirir consciência sobre os pensamentos, sobre o modo como avaliamos a nós mesmos e as situações contribuirá para a compreensão do porquê de nos comportarmos, agindo ou reagindo no ambiente em que vivemos.

O processamento das informações em nosso cérebro ocorre de forma sistematizada. Os produtos cognitivos – pensamentos, idéias, imagens, crenças, etc. – são organizados e estruturados de forma que quando uma pessoa entra em contato pela primeira vez com um conhecimento, o cérebro tende a se manifestar imediatamente, relacionando-se com uma base de dados acumulados por experiências anteriores, produzindo assim outras codificações e novos significados.

Portanto, o modo como pensamos deve-se às experiências e aprendizagens acumuladas durante toda nossa vida, à medida que entramos em contato com o meio ambiente e quando nos socializamos.

Em nossa mente, acessamos conscientemente o fluxo de idéias, pensamentos ou imagens específicos às situações vivenciadas. Então, quando ocorrem situações semelhantes, as impressões, a maneira como percebemos e entendemos, vêm de novo à mente sob a forma de recordações. Se uma situação é percebida como um evento não-ameaçador, tendemos a registrar as informações cujos significados provocam boas impressões. Caso contrário, quando o evento é percebido como ameaçador, o cérebro tende a registrar como más impressões.

As pessoas registram suas percepções diferentemente umas das outras. Um fato ocorrido pode causar boas impressões para uns e, para outros, não. Ou seja, esse é o modo como cada um apreende a realidade.

A noção da realidade varia, portanto, de indivíduo para indivíduo, de acordo como ele a percebe e a interpreta. As idéias e imagens, contudo, podem ser apreendidas confusamente, ou, com pouca clareza em nosso cérebro, gerando várias distorções cognitivas. As distorções cognitivas ocorrem, portanto, por um processamento falho de informações.

Quanto mais distorcemos a realidade, pelo modo como percebemos as coisas, maior a probabilidade de nos tornarmos pessoas menos capazes ou habilidosas de lidar ou enfrentar essa mesma realidade.

Quando distorcemos a realidade, geralmente nos comportamos das seguintes maneiras:

- Apressando uma conclusão específica sem evidências que a apóiem. Por exemplo: "Já sei tudo! Você nem precisa me falar o que aconteceu...".

2 ATITUDE: o que eu posso fazer por mim

- Focalizando um único detalhe e ignorando outros. Por exemplo: "Para mim, esta é a única forma de lidar com a situação...".
- Aplicando regra geral ou conclusão com base em um ou mais incidentes isolados, algumas vezes aplicando conceitos de cunho preconceituoso. Por exemplo: "Os homens são todos uns enganadores..."; "As mulheres são péssimas ao volante...".
- Avaliando as situações exageradamente, maximizando-as ou minimizando-as. Por exemplo: "Eu faço isso como ninguém..."; "Eu nunca vou conseguir fazer isso...".
- Relacionando eventos externos a si mesmo, quando não há base para estabelecer esta conexão. Por exemplo: "Naquela reunião, tenho certeza que meu chefe, quando dizia aquilo, estava se referindo a mim".
- Avaliando as experiências entre duas categorias opostas. Por exemplo: "Ou é 8 ou 80..."; "Ou é perfeito ou é defeituoso...".

Saberemos se estamos ou não distorcendo a realidade pelo modo como nos comportamos diante das situações e a freqüência com que repetimos os pensamentos e avaliações acerca de um tema. Normalmente, quando ocorrem as distorções cognitivas, entramos em sofrimento e manifestamos verbalmente emoções, como a raiva, o medo, a angústia, a tristeza...

2 ATITUDE: o que eu posso fazer por mim

Assim, nos tornaremos mais conscientes de nossos pensamentos se soubermos o modo como avaliamos e interpretamos as coisas comumente e que estes influenciam, também, nossas ações. Ficará mais fácil alcançar os resultados esperados de nossos comportamentos se alterarmos nossa forma de pensar, refletir e significar por meio de uma reestruturação cognitiva.

Verifique como você realiza suas avaliações. Eis algumas recomendações úteis que o ajudarão no processo de autopercepção de suas cognições:

1. Use frases iniciadas com "Eu penso".
2. Realize um diálogo interno sobre os acontecimentos e suas impressões acerca do que aconteceu. Em seguida, identifique se o modo como você conduz esse diálogo interno trabalha contra você ou a seu favor.
3. Reflita sobre os acontecimentos em momentos de calma.
4. Procure ouvir outras pessoas, outros pontos de vista diferentes. Saiba como elas avaliam determinado acontecimento.
5. Reconheça que são as suas avaliações, seu modo de pensar, que provocam as suas reações, e não um determinado acontecimento ou comportamento de outrem.
6. Acolha suas próprias avaliações sem deixar de dar espaço às dos outros.

7. Reconheça suas avaliações quando estão corretas.
8. Aceite que as avaliações estão sujeitas a mudanças.
9. Aprenda a distinguir entre informações sensoriais e suas cognições.
10. Preste mais atenção às manifestações físicas para entender melhor o que sente.
11. Seja honesto consigo mesmo. Observe suas atitudes e o impacto dos seus atos e reconheça que as pessoas podem reagir de maneira diferente da nossa.

Podemos dizer, parafraseando Descartes, que se penso, logo me comporto, e se distorço minha realidade, logo eu sofro.

Modificar o que sinto quando penso

No relacionamento interpessoal é comum as pessoas tentarem se compreender, manifestando verbalmente o que representou para elas um acontecimento, externalizando assim suas emoções.

No intercâmbio dos sentimentos, as percepções sensoriais assumem papel de grande importância na descrição dos detalhes, oferecendo ao ouvinte informações mais precisas sobre o modo como seu

2 ATITUDE: o que eu posso fazer por mim

interlocutor percebe a realidade e lhe atribui significados, por meio de impressões e avaliações. Portanto, conhecendo as emoções e os sentimentos e, ainda, como as pessoas avaliam as situações, compreende-se como o seu mundo interior está estruturado.

Existe uma relação causal entre as cognições e as emoções. Nossos sentimentos se originam e são alterados à medida que pensamos, interpretamos e acreditamos em como são as coisas.

O equilíbrio de nossas emoções, a externalização harmoniosa de nossos sentimentos são alcançados quanto mais estivermos conscientes sobre nós mesmos, e quando aprendemos a analisar melhor a realidade que enfrentamos, sem distorcê-la.

Empregar avaliações mais cuidadosas sobre o que é vivenciado torna as experiências vividas mais agradáveis. Quando habitualmente um indivíduo avalia a si mesmo, suas experiências e o mundo com pensamentos de depreciação, ocorre uma perda energética em todo seu funcionamento orgânico, pelo estado emocional em que ele se encontra.

A freqüência com que uma pessoa alimenta sua mente com pensamentos distorcidos e negativos, proporciona também um gradativo aumento de sentimentos negativos.

Você poderia, então, se perguntar neste momento: "Se eu mudar o que eu penso, mudará o que eu sinto?" Talvez, mas com certeza, mudará o que sente se modificar a maneira de realizar suas avaliações, como visto anteriormente.

Identifique, você mesmo, como realiza as suas avaliações. Faça uma lista das emoções positivas e negativas que sente normalmente em casa, no ambiente de trabalho ou com os amigos. Verifique onde você se sente mais confortável e onde há o predomínio das emoções positivas. Realize uma investigação sobre o que acontece nesse ambiente e quais emoções são percebidas.

Agora faça o mesmo no ambiente em que há o predomínio das emoções negativas. Procure observar como você avalia o ambiente: Verifica a situação sob vários aspectos ou somente sob um mesmo prisma? Existem outras formas de lidar com a situação? Quais seriam? Que conseqüências trariam? Como você se sentiria agindo de outro modo?

Identificar o que sentimos (tristeza, alegria, raiva, ansiedade, etc.) e saber associar corretamente tais emoções aos eventos que as estimularam, sem dúvida alguma nos transformará em pessoas mais conscientes de quem somos e de como lidamos conosco mesmos e com o mundo ao nosso redor.

Embora isso seja crucial para o desenvolvimento de nosso autoconhecimento, também é de fundamental importância o conhecimento sobre o que esse modo de entender e sentir pode proporcionar, o

2 ATITUDE: o que eu posso fazer por mim

que é capaz de produzir, as conseqüências que acarreta sob formas de ações e reações, atitudes e comportamentos.

Modificar meu comportamento diante das circunstâncias

Conta uma história que dois monges em peregrinação chegaram à margem de um rio, quando avistaram uma garota que precisava atravessá-lo. Mas porque a correnteza estava muito forte, ela ficou com medo. Um dos monges vendo a jovem naquela situação, pegou-a nos braços e atravessou o rio, colocando-a em solo seco do outro lado.

Os dois monges continuaram a peregrinação. O outro monge, porém, depois de duas horas, ficou a reclamar: "Como você pode ter tocado em uma mulher sabendo que é contra os mandamentos ter contato íntimo com ela?... Como pode ir contra as leis da nossa ordem? Você pecou fortemente!..."

O monge que carregara a jovem prosseguia em silêncio. E, finalmente, observou: "Eu a deixei no rio há duas horas. Por que você ainda a está carregando?"

Essa história se refere a um comportamento comum no relacionamento diário entre as pessoas. Um dos grandes desafios do ser humano é o de mudar as atitudes, mudar velhos hábitos, o modo como

2 ATITUDE: o que eu posso fazer por mim

procedemos, geralmente quando lidamos com os problemas, quando nos relacionamos, e quando temos que assumir uma posição diante das situações.

A palavra comportamento pode ser entendida como a maneira de nos apresentarmos ao mundo, como o enfrentamos ou lidamos com as coisas, bem ou mal. E por esta forma de proceder, somos reconhecidos. Passamos uma imagem do que somos pela capacidade, competência de resolvermos os problemas, conflitos, relacionamentos e como atendemos nossas necessidades pessoais e exigências do dia-a-dia.

Assim, podemos refletir uma imagem positiva para os outros se nos comportamos, de forma eficiente e atenciosa, utilizando nossa inteligência, habilidades e competências e cujas soluções e resultados produzem satisfação e bem-estar, tanto para quem faz a ação quanto para quem a recebe.

Ao contrário, quando somos avaliados de forma negativa, possivelmente é porque a imagem que está sendo refletida apresenta indícios de comportamentos inabilidosos, não desenvolvidos ou inassertivos.

Você já sabe que os pensamentos e os sentimentos influenciam diretamente nossas ações. Sendo assim, os comportamentos poderão ou não ser adequados, quando produzem conseqüências úteis ou prejudiciais para quem os realiza e recebe.

Há pessoas que dizem: "sou assim mesmo!", "sempre fui assim, por que mudaria agora?", "estou muito velho para ser diferente". Esses pensamentos são comuns a muita gente e evidenciam como as pessoas se encontram interiormente. Elas sentem dificuldades para se perceberem e compreenderem que suas estruturas psicológica e emocional estão enrijecidas. Por isso, têm dificuldades para entender que podem ser diferentes, se agirem, reagirem e sentirem por meio de novos paradigmas.

Entenda-se que ninguém é culpado de ser o que é. Torna-se imprescindível reconhecer que esta estrutura disfuncional de se sentir culpado estará sempre acarretando sofrimento. Então, por que não mudar? Que riscos estaria enfrentando? Será pior do que está? Reflita sobre isso, seja responsável e tente uma nova atitude perante você mesmo.

Modificar o meu modo de ver e sentir

Disse um poeta cearense que todo sofrimento é uma construção humana. Compreender que cada um de nós detém a chave do sucesso e do fracasso é um importante passo para nos livrarmos de um sentimento de impotência diante de acontecimentos produtores de sofrimento.

O sentimento de impotência provém do fato de não compreendermos o que está acontecendo, e por isso, passamos a ter medo de tudo e de todos. Nos

2 ATITUDE: o que eu posso fazer por mim

isolamos e ficamos bloqueados porque não dispomos de elementos que nos permitam pensar, refletir, única maneira de encontrar uma saída.

A auto-estima é a chave que nos possibilita sair dessas situações, aparentemente sem solução. É a chave de nossa felicidade ou infelicidade. Ela encoraja ou desencoraja nossos pensamentos e sentimentos.

Quando acreditamos em nós mesmos e na nossa capacidade de superar obstáculos, nos sentimos confiantes, mais seguros e mais persistentes na busca do sucesso de nossos atos. Nessa caminhada, as quedas são atribuídas às nossas falhas. Devemos assumir nossos erros, nos corrigir e prosseguir com maior confiança em nossa capacidade de superação.

Quando nutrimos um sentimento de incapacidade e passividade diante das quedas, diminuímos nossa auto-estima e sofremos. Quando sofremos, encaramos a vida como algo difícil de lidar, e vemos o sofrimento como parte do destino ou decorrente de variáveis externas a nós mesmos. Quando desconhecemos nosso grau de participação nesse processo gerador de infelicidade, nos tornamos adversários de nós mesmos. As coisas e as pessoas tornam-se ameaçadoras se não acreditamos em nosso potencial.

Diz um filósofo alemão: "O homem que não tem a sua história presente na memória está condenado a repeti-la". Ou seja, se não sou dono de mim mesmo e do que faço em minha vida, seja para manter ou para mudar as coisas, elas continuarão acontecendo do jeito que estão. Pense nisso!

Outro aspecto importante sobre a auto-estima é que ela tem uma relação direta com o contexto familiar e educacional do qual participamos. A consciência que temos de nós mesmos nasce do modo como estabelecemos a comunicação com o outro. É dessa relação que formamos a idéia de quem somos e do que somos capazes, montando o autoconceito.

Veja como acontece:

- Se sou amado, elogiado, seguro, tenho boa auto-estima. Estou de bem com a vida e me sinto capaz de assumir compromissos, enfrentar as situações e realizar minhas escolhas de forma acertada. Sinto-me capaz de superar minhas limitações, frustrações e transcender as dores.

- Se sou rejeitado, criticado, humilhado, tenho baixa auto-estima. Sinto-me infeliz e tenho dificuldades para me aceitar, me amar e dar minha contribuição. Não consigo realizar, decidir, e procuro mais evitar a dor do que vivenciar, sentir o prazer. Tenho dificuldades para me engajar nas coisas, de me comprometer. Tenho vergonha da minha história de vida e sinto-me desmotivado. ...

Somos capazes de mudar a nossa vida. Não mudamos o nosso passado, mas podemos e devemos mudar nossa atitude perante nós mesmos, começando pelo que pensamos e sentimos sobre quem somos, e percebendo o que ainda podemos fazer.

Aumentar a motivação

Você já pensou o quanto é importante realizarmos as coisas com motivação?

A motivação é um dos aspectos essenciais no modo como nos conduzimos diante das situações na vida. É aquilo que nos leva a despender energia numa direção específica com um propósito específico, é usar o sistema emocional para catalisar todo o processo e mantê-lo em andamento.

As nossas emoções atrapalham ou aumentam nossa capacidade de pensar e fazer planos, de seguir treinando para alcançar uma meta distante e de solucionar problemas, ou seja, influenciam nos limites das nossas capacidades mentais. À medida que somos motivados por sentimentos de entusiasmo e prazer no que fazemos, ou mesmo por um grau ideal de ansiedade, esses sentimentos nos levam à conquista. Conquistar, alcançar metas é resultado de uma predisposição positiva diante das situações. É ter esperança e lutar com determinação no alcance dos próprios ideais.

Um dos recursos mais importantes de que as pessoas dispõem para se motivar são os próprios

2 ATITUDE: o que eu posso fazer por mim

pensamentos. Você já sabe como o raciocínio distorcido pode ser destrutivo, então fica fácil entender como os pensamentos negativos tendem a sabotar sua autoconfiança e seu entusiasmo, ao contrário das afirmações positivas. Os pensamentos positivos, portanto, são um tônico para sua motivação, ao passo que os pensamentos negativos são um veneno.

Há várias técnicas para melhorar seu pensamento positivo e são bem simples de se praticar. Veja só:

1. Comece por adotar afirmações motivadoras em tudo o que for pensar, falar e realizar.
2. Realize as coisas ou trate as pessoas como se fosse a primeira vez ou o primeiro contato.
3. Concentre os pensamentos no que está por fazer. Lembre-se: é mais fácil fazer as coisas difíceis se agirmos passo a passo.
4. Use seu imaginário mental. Mentalize cada passo do início ao final em como vai comportar-se diante da situação desejada.
5. Use a autocrítica construtiva. Verifique se o modo como agiu foi bom, eficaz e útil e, caso não tenha sido desse modo, você poderá aperfeiçoar-se revendo em que ponto houve a falha. Descubra onde errou e sugira para si mesmo o que vai corrigir. Reconheça quando tiver acertado e sinta-se feliz por isso.
6. Proponha metas importantes para si mesmo,

algo significativo para você. E planeje desde os passos mais simples aos mais complexos. Comemore quando alcançar cada um deles, reconhecendo que você já é um vencedor por estar realizando dessa maneira. Continue com os passos seguintes, progredindo, e percorra o resto do caminho.

7. Quando se sentir "para baixo" ou deprimido: MEXA-SE! Mobilize sua energia e procure fazer algo que lhe traga prazer. Comece por uma coisa bem simples e você verá que, aos poucos, você se perceberá mais energizado e revigorado. Uma boa dica é fazer uma caminhada ou um esporte qualquer.

8. Não se esqueça de fazer exercícios de relaxamento e respiração para também elevar seu nível de energia. O cansaço, o nervosismo ou a ansiedade podem ser a causa da sua falta de entusiasmo.

9. Divida seu trabalho em pequenas tarefas. Faça uma lista de tudo o que vai realizar, colha as informações necessárias, reflita sobre o que vai fazer e como vai executar. Sua confiança aumenta à medida que verifica que seu projeto e suas ações são exeqüíveis, quando as tarefas são pequenas e simples.

10. Observe suas atitudes. Os padrões de comportamento são tendências que repetimos vezes

sem conta. Examine como eles afetam sua motivação e você poderá descobrir quais deles devem ser conservados e quais devem ser abandonados.

Todas essas recomendações são importantes, considerando-se que a motivação é algo que vem de dentro para fora, e não ao contrário. O que vem de fora poderá estimular, incentivar, sensibilizar, despertar... A motivação, todavia, faz parte de um processo íntimo de interesse por algo ou alguém, constituindo-se no principal móvel da atitude. Daí a conclusão de que ninguém motiva ninguém. É o próprio indivíduo que se motiva, contando, quando necessário, com recursos externos de auxílio.

Ser menos ansioso

A ansiedade é um sistema de alarme do organismo quando este se sente, de alguma maneira, ameaçado. Sua função é proteger ou ajudar o indivíduo a escapar de situações difíceis.

Quando vivenciamos a ansiedade acreditamos e interpretamos as situações como ameaçadoras, ou seja, avaliamos incorretamente a situação, percebemos os riscos de forma excessiva e minimizamos os recursos de enfrentamento.

As crenças centrais do ansioso são principalmente relacionadas à vulnerabilidade, como, por exemplo, um

2 ATITUDE: o que eu posso fazer por mim

ponto fraco pelo qual as pessoas podem ferir ou atacar. A maioria dessas crenças gira em torno de questões de aceitação, competência, responsabilidade e controle.

A ansiedade pode influenciar o nosso modo de vida, distorcendo a forma com que pensamos e sentimos. Assim, as pessoas ou as coisas adquirem um sentido de ameaça, mesmo que a realidade mostre o contrário. Passamos a dar importância exagerada a certas situações, mobilizando-nos excessivamente e sobrecarregando-nos. Esquecemos as experiências positivas do passado, antecipando apenas os problemas lamentáveis e o sofrimento do futuro. Desenvolvemos um tipo de preocupação ansiosa, o que representa uma tentativa de solução mental de problemas sobre um tema cujo resultado é incerto ou que sugira alguma possibilidade de conseqüências negativas.

A pessoa que se preocupa demasiadamente pode elevar muito sua ansiedade e sentir-se com dificuldades de solucionar seus problemas. Falta-lhe o conhecimento ou tem dificuldades em aplicá-lo em virtude de reações contraproducentes diante das situações-problema.

Quando o indivíduo tenta diminuir a incerteza empregando um estilo vigilante de enfrentamento, aumenta sua excitação emocional. A falta de habilidades para solucionar o problema, ou uma inadequada orientação para o enfrentamento, não

2 ATITUDE: o que eu posso fazer por mim

reduz a excitação emocional, levando algumas vezes o indivíduo a querer evitar pensar sobre o que o aflige. É um comportamento inútil.

Devemos aprender a identificar espontaneamente os melhores comportamentos a serem adotados para começar as mudanças e nos tornarmos capazes de resolver nossos problemas. Aprender a ser mais tolerante com as incertezas, desenvolvendo estratégias de enfrentamento de análise correta e justa das situações quando nos depararmos com elas. Caso contrário, poderemos perder o controle e nossa atitude será comprometida pelo sentimento de ansiedade.

Combater o estresse

Atualmente, ouvimos de pessoas das mais variadas idades: "estou sem tempo", "estou correndo", "que cansaço, estou estressada!", sem saberem exatamente o significado da palavra estresse.

Uma das maiores capacidades do organismo é de manter a constância do seu meio interno. Essa propriedade de manter o estado fisiológico, a despeito de mudanças externas no ambiente, foi denominada por Walter Cannon como *homeostase*. O organismo reage em resposta à influência do meio externo com um esforço para manter o equilíbrio homeostático.

2 ATITUDE: o que eu posso fazer por mim

Quando há uma intromissão no organismo desestabilizando-o, ocorre uma reação com um padrão de resposta para restaurar sua homeostase interna.

O *estresse*, segundo alguns estudiosos do assunto, decorre de um excesso crônico de mensageiros ativados (fonte do *estresse* biológico) tais como a adrenalina (epinefrina) e o cortisol ativando de modo mais prolongado, mesmo quando situações de emergência não estejam mais presentes na vida da pessoa. Essa resposta persistente de *estresse* no organismo pode se tornar patogênico pelo fato de ele perder a capacidade de desligar os sinais mente-corpo que existem.

O corpo, numa fase inicial, reage ativado, sob forma de alarme como uma resposta adaptativa. Mas com a persistência do problema, ocorrem desajustes na resposta, tornando sua ativação crônica. Esses dois tipos de respostas atuam no organismo, elevando o funcionamento das partes do corpo e da mente, assim como declinando outras: eleva a amplitude da pulsação, do uso da energia, da cognição, do tônus cardiovascular e cardiopulmonar e, em contrapartida, diminui o sistema imunológico, a digestão, a sexualidade, o crescimento, como respostas adaptativas complexas.

Em resposta ao estresse há uma série de conseqüências: diminui a sincronização da pulsação, porém aumenta a fadiga, o sono, a depressão; dificulta a memória e a aprendizagem; desequilibra o sono; desencadeia a hipertensão de *estresse* e a diabetes

2 ATITUDE: o que eu posso fazer por mim

esteróide; causa problemas respiratórios, infecções, úlceras e diminui a libido, podendo ainda causar impotência, anovulação, descalcificação óssea e envelhecimento.

O estudo da fisiologia do *estresse* e da psicossomática nos tempos atuais tem favorecido diretamente o conhecimento do comportamento humano e da prevenção de doenças, pois sabendo-se das conseqüências que podem advir do modo inadequado como conduzimos nossas vidas, agindo, pensando e sentindo, as pessoas poderão refletir e buscar um estilo de vida mais equilibrado, mantendo a homeostasia tão desejada pelo organismo. O que não é tão difícil se nos propusermos a avaliar como organizamos o nosso dia-a-dia, as horas que empregamos com cuidados com o corpo, o estudo, o trabalho, o lazer e assumindo posturas e atitudes diferentes daquelas que costumamos ter: preocupando-nos menos, mantendo mais a calma, agindo com menos ansiedade, dando mais atenção aos cuidados com o corpo, realizando também uma higiene mental, dando menos importância às coisas pequenas e procurando ver a vida mais positivamente e com alegria.

Evitar a depressão

Um dos grandes problemas humanos enfrentados nos dias de hoje é a *depressão*. Encontrada nas mais diversas culturas, é ocorrência comum no mundo contemporâneo.

Teoriza-se que a depressão seja um tipo de resposta que constitui uma reação diante de estímulos identificados como estressantes (como, por exemplo, uma perda) ou uma característica de um padrão de respostas da pessoa perante o mundo. O indivíduo depressivo possui dificuldades para enfrentar os acontecimentos estressantes em sua vida. Seja por um evento que afete negativamente seu estado emocional ou por falta de habilidades para lidar melhor com as situações que a afligem, a pessoa deprimida deve procurar o quanto antes uma ajuda profissional.

O deprimido, ao contrário da pessoa saudável, não consegue ter uma atitude positiva ante as situações, pois maximiza as dificuldades encontradas, ao mesmo tempo em que minimiza a sua capacidade de enfrentamento para lidar com elas. Fica submerso em sentimentos negativos por desconhecimento ou por avaliar incorretamente a sua realidade. As distorções cognitivas assumem grande proporção sobre seus comportamentos e atitudes se comparadas ao reconhecimento de suas potencialidades.

Apesar de nós seres humanos sermos diferentes em muitos aspectos e em outros nem tanto, lidamos com a vida ou reagimos a ela, de forma positiva ou não, a depender dos vários fatores já relacionados: autopercepção e autoconsciência; cognições – forma de pensar e avaliar um problema; emoções – o que se sente quando se pensa; comportamento – modo comum de agir e reagir diante das circunstâncias; auto-imagem, auto-estima e auto-aceitação; motivação; ansiedade; estresse; e depressão.

Ao reconhecermos nossas potencialidades, estamos assumindo uma atitude proativa diante de nós mesmos, promovendo gradativamente nosso autodesenvolvimento e construindo um futuro com grandes possibilidades de êxito.

3

Ação

Agentes de mudança ou observadores da realidade?

ATITUDE
é agir com determinação, sem deixar para amanhã o que se pode fazer hoje.

Interior of a Gothic church with tall arches, stone columns, and stained glass windows.

Há três perguntas que toda pessoa deveria responder de imediato:

1ª) O que estou fazendo aqui?
2ª) Para onde vou?
3ª) Quais são as bases que sustentam minhas ações?

Essas questões têm sido formuladas em caráter institucional, para empresas e organizações, e se traduzem nas conhecidas palavras: missão, visão e valores. É comum lermos em placas, cartazes, folhetos ou em outros recursos de propaganda a definição desses três elementos quanto a uma instituição, pública ou privada, quando ela já possui ou procura ter um estágio mais avançado de sistematização na oferta de seus produtos e serviços.

Mas, esses questionamentos ainda não são usuais para as pessoas, para o ser humano na sua individualidade e no relacionamento com os outros. Isso decorre da falta de auto-análise e da ausência de preocupação no quanto cada um pode otimizar a qualidade de sua presença em um ambiente social, que constantemente exige a manifestação

3 AÇÃO: agentes de mudança ou observadores da realidade?

do indivíduo na condição de ser humano, de ente familiar, de profissional, de cidadão...

A missão é a razão da existência de uma organização ou de um indivíduo; a visão traduz-se pelo que se pretende alcançar em futuro próximo ou remoto; os valores são as características fundamentais que norteiam a missão e a visão. Quando se fala em missão, trata-se de ações presentes, atuais. Quando se reporta à visão, cogita-se do futuro, de prospectividade. Ambos os termos são interdependentes. O futuro depende do presente, assim como este é, em parte, resultado do passado.

Stephen Covey escreveu um livro que virou *bestseller*. Já vendeu milhares de cópias em todo o mundo. Transformou a vida de muita gente e ainda continua fazendo efeito benéfico em quem lê os ensinos de suas páginas. Trata-se de *Os sete hábitos das pessoas altamente eficazes*. Sabe qual o primeiro dos hábitos por ele relacionados? Proatividade! A pessoa eficaz deve ser proativa. Além de ter iniciativa, ela faz as escolhas baseada em valores, assumindo a responsabilidade pelos atos e decisões de sua vida.

Ao contrário da pessoa proativa, existe a reativa, aquela que reage na maior parte das vezes e das circunstâncias. É inassertiva, não sabe lidar com as situações e com os outros adequadamente. Diante das circunstâncias, ela avalia distorcidamente a

3 AÇÃO: agentes de mudança ou observadores da realidade?

realidade, comunica suas idéias de forma agressiva e incompleta, percebendo os outros e o mundo ao seu redor como ameaçadores, e por isso, vive na defensiva, ao passo que a proativa busca em si mesma as motivações e valores que a levam a agir.

O comportamento inassertivo tem início no ambiente familiar, sob influência da educação recebida e por características apreendidas pelos familiares, que também agiam dessa forma, ou por meio de experiências em que, ao longo da sua vida, não havia espaço para a manifestação ou exercício de seus direitos.

A pessoa inassertiva precisa conhecer-se mais. Entender a disfuncionalidade do comportamento equivocado, ou seja, que esse modo de se comportar não traz conseqüências positivas para ela, mas acarreta sofrimento, gera uma imagem negativa, já que os outros ficam impacientes com ela, e a consideram uma pessoa desagradável.

Qualquer pessoa precisa entender melhor a realidade por meio de cuidadosas reflexões, observando o que sente e identificando modos mais produtivos e úteis para si mesma. Deve empreender esforços para reverter essa noção negativa que tem de si e da realidade.

Ao adaptarem o livro de Covey, André Guimarães e Oscar Manuel de Castro Ferreira apresentam as diferenças entre o comportamento reativo e o

3 AÇÃO: agentes de mudança ou observadores da realidade?

proativo, diretamente manifestos nas linguagens por meio das quais as pessoas se expressam. Confira:

Linguagem Reativa	Linguagem Proativa
Não há nada que eu possa fazer	Vamos procurar alternativas
Sou assim e pronto	Posso tomar outra atitude
Ela me deixa louco	Posso controlar meus sentimentos
Eles nunca vão aceitar isso	Vou buscar uma apresentação eficaz
Tenho de fazer isso	Preciso achar a resposta apropriada
Não posso	Eu escolho
Eu preciso	Eu prefiro
Ah, se eu pudesse...	Eu vou fazer.

Toda ação deve ser planejada e se inicia quando o indivíduo tem um objetivo em mente e está motivado a conquistá-lo. Em nossa vida, temos diversos objetivos e necessidades, de ordem pessoal, familiar, social, profissional e espiritual.

Para se conquistar qualquer um desses objetivos, é fundamental que se saiba o que se quer, por que se deseja isso e aonde se pretende chegar. Assim, você terá definido com clareza o objeto de sua ação.

Outra iniciativa importante é levantar as condições e possibilidades, internas e externas ao indivíduo, para a realização das ações que levarão ao alcance do objetivo pretendido. As condições internas

3 AÇÃO: agentes de mudança ou observadores da realidade?

referem-se ao conhecimento que este possui, sua personalidade, suas habilidades e atitudes. As condições externas incluem os aspectos materiais e os recursos disponíveis para a sua execução.

Dentre os elementos intrínsecos, alguns comportamentos são indispensáveis para a conquista de objetivos: vontade, perseverança, fé e paciência.

A *vontade* é o desejo de se fazer algo, é o móvel da ação. Dificilmente algo que dependa de mim terá início se eu não tiver vontade. Caso se inicie, as chances de dar errado serão grandes. O principal agente é o próprio indivíduo, e para que qualquer busca comece, depende dele querer, estar a fim de, desejar, ter motivação.

A *perseverança* é a constância da vontade. Não basta querer e, ante o primeiro empecilho, desanimar e desistir. É necessário perseverar nos propósitos até a consecução das metas estabelecidas. A perseverança é a base da vitória, sedimentando a disposição do indivíduo em prosseguir na luta pela conquista do objetivo pretendido, superando obstáculos e dificuldades do caminho.

A *fé* é a confiança que se tem na boa realização das ações. Mais que a confiança, representa a certeza de se atingir determinado fim. Ela pode ser interna, advinda da crença na própria capacidade de realização, diante do conhecimento e das habilidades desenvolvidas, além das atitudes assumidas para a conquista dos

3 AÇÃO: agentes de mudança ou observadores da realidade?

objetivos. O indivíduo acredita-se capaz e diz: "Vou fazer!" Mas, a fé também pode resultar da esperança em auxílios externos, tais como a experiência dos pais, o ensinamento do chefe, a ajuda de Deus, do Espírito Santo, do Anjo da Guarda, do Espírito Protetor... A pessoa sente que não está sozinha na empreitada, e que pode contar com o apoio de terceiros que a ajudarão na caminhada.

A *paciência* é a arte de saber esperar, quando após manter os comportamentos da vontade, perseverança e da fé, observa-se que ainda não se conquistou o desejado. Aí, realmente, a paciência é um santo remédio, pois propiciará a revisão de planos e intenções, pensamentos e ações, que podem não ter sido os mais adequados no momento ou naquelas circunstâncias. A vida nos responde conforme lhe perguntamos. Todavia, nem todos os fatores são de nosso absoluto domínio. Alguns independem de nossos interesses, e nem sempre o que pleiteamos pode ser o melhor para nós e para os outros. Então, é momento de reavaliar e, quem sabe, redirecionar propósitos, buscando aqueles que podem ser mais adequados ao nosso bem-estar. Às vezes, até pronunciamos: "Que bom que não aconteceu daquele jeito. Hoje percebo que teria sido prejudicial a mim e àqueles que estão ao meu redor."

Como estamos nos relacionando constantemente com os outros, é indubitável que somos a todo tempo influenciados por aqueles com quem convivemos, assim

3 AÇÃO: agentes de mudança ou observadores da realidade?

como influenciamos os que conosco interagem, direta ou indiretamente. Na vida, de um modo geral, essa influência ocorre de pessoa para pessoa, de pessoa para grupo, e de grupo para grupo, podendo se apresentar, segundo Agostinho Minicucci, de forma negativa, positiva e neutra.

Nesse contexto de influenciação, surgem as figuras do líder e do liderado, comportamentos que podemos assumir alternadamente a depender das situações. O líder é um agente de mudança, que impulsiona as pessoas a se transformarem. Essa transformação é decorrente da influência que ele exerce ao sensibilizar os que estão ao seu redor com suas idéias, iniciativas, sem que estes percebam ou sintam-se pressionados. Essa interação colabora para o desenvolvimento da criatividade nas pessoas, na qualidade de seus trabalhos e no relacionamento entre elas, favorecendo um ambiente profissional saudável e estimulante para a produtividade e crescimento de todos.

Covey, na obra *O oitavo hábito*, explica que a complexidade dos tempos modernos estão a exigir novos desafios quanto aos relacionamentos intrapessoal e interpessoais, quer seja na família, no ambiente profissional ou na sociedade de um modo geral. Essas novas demandas requisitam novas competências, destacando-se uma atitude mental diferente, um novo hábito, que é o de encontrar a própria voz e inspirar outros a encontrar a deles. Isso se dá em conseqüência

3 AÇÃO: agentes de mudança ou observadores da realidade?

do bom relacionamento interpessoal e pela capacidade de liderança que a pessoa possui.

Seja na condição de líder ou de liderado, a finalidade de toda ação é modificar o meio no qual as pessoas interagem umas com as outras e se contatam pela linguagem, gestos e atitudes. Dessa forma, os indivíduos buscam se compreender, compartilhar novos significados e alcançar resultados em suas vidas.

Atitude é agir com determinação, sem deixar para amanhã o que se pode fazer hoje.

ND

Tempo

Os desafios
de uma nova dimensão

ATITUDE
é aproveitar o tempo, vivendo
intensamente as oportunidades
que a vida oferece.

Facilmente você responderá à seguinte questão: "Quais são as três dimensões em que vivemos?"

Depois de pensar um pouco, você se lembrará de suas aulas de Ciências e responderá: altura, largura e profundidade.

De fato são essas as dimensões espaciais que servem de medida para boa parte das ações humanas.

Mas, nem tudo está inserido nesse contexto.

Outra questão que intriga o homem é o *tempo*. Ele é uma dimensão desafiadora...

Há alguns anos, folheei casualmente um livro didático da terceira série do ensino fundamental e encontrei nele uns versos sobre esse tema. Após duas leituras não os esqueci jamais. Diziam assim:

O tempo perguntou ao tempo

Quanto tempo o tempo tem?

O tempo respondeu ao tempo

Que o tempo tem tanto tempo

Quanto o tempo tem!

---

4 TEMPO: os desafios de uma nova dimensão

Parece um pouco infantil. De fato é. Mas, conforme alguém já informou, "não há nada mais sério do que uma criança brincando."

Por detrás desse jogo de palavras com o vocábulo *tempo*, existem profundos ensinos a serem extraídos após alguma reflexão. O que aqueles versos significam a você?...

O poeta escreveria – "o tempo não pára".

O músico cantaria – "dava pra ver um tempo ruim".

O meteorologista preveria – "tempo nublado, com chuvas esparsas.

O religioso asseguraria – "o tempo é soberano".

O filósofo indagaria – "que é o tempo?".

O cientista concluiria – "o tempo é relativo".

O administrador cobraria – "seu tempo acabou".

O tempo tem tal dimensão de importância no imaginário humano que, desde "tempos imemoriais", a mitologia grega já apresentava Zeus como o deus mais poderoso do Olimpo. Ele havia dominado Cronos, o temível deus do tempo. A assertiva bíblica registra: "No princípio era o verbo...", e o Eclesiastes lembra que há tempo para tudo... Os adeptos da ficção científica vislumbram a oportunidade das fantásticas viagens no tempo. Filósofos, pensadores

4 TEMPO: os desafios de uma nova dimensão

e estudiosos do tema buscam as razões epistemológicas para entender a complexidade do tempo. E os cientistas tentam explicar a própria história do tempo.

Por nossa vez, pobres mortais que somos, tentamos "correr atrás do tempo", pois vivemos "apagando incêndios" diariamente. E nos perguntamos: "Quando, afinal, seremos felizes?"

É conhecido de todos nós aquele ditado popular: "não deixe para amanhã o que você pode fazer hoje". Todavia, a maioria de nós ainda age no sentido oposto: "se posso deixar para amanhã, por que fazer hoje?" E quando o amanhã se torna hoje, desesperamo-nos por verificar que não daremos "conta do recado" no prazo definido.

Em termos práticos, o tempo relaciona-se com organização e disciplina. Há cursos que ensinam como aproveitar melhor o tempo, tamanha a demanda de gerentes, executivos e das pessoas comuns, de um modo geral, por aprenderem a trabalhar mais adequadamente essa questão. Quantos já não precisaram recorrer à conhecida expressão: "Meu dia só tem 24 horas. Parece que o seu tem 36. Afinal, qual é o segredo para você fazer tanta coisa, dar conta de tudo e, ainda, sobrar tempo para algo mais?" A resposta é: organização, definição de prioridades e disciplina.

4 TEMPO: os desafios de uma nova dimensão

Hoje, ao contrário do que ocorria há uma década, o mercado de trabalho valoriza mais o funcionário que consegue realizar as suas funções, mantendo em dia todas as suas atividades, do que aquele que permanece até mais tarde no ambiente de trabalho, porque nunca consegue concluir as suas tarefas até o final do horário de expediente. E ainda leva trabalho para casa. O que era sinônimo de dedicação e zelo passou a ser caracterizado como indisciplina e desorganização. É bom atentar para isso, pois o mercado de trabalho exige profissionais cada vez mais qualificados tecnicamente, e que incluam em suas competências a agilidade na execução de tarefas cotidianas, o autocontrole para lidar satisfatoriamente com as diferentes situações, a perspicácia para vislumbrar alternativas e a rapidez de raciocínio para tomada de decisões.

Há alguns "vilões" que roubam o tempo e fazem diminuir sensivelmente a produtividade no ambiente de trabalho. Renata Avediani, na revista *Você S/A*, levantou alguns desses inimigos e recomenda como fugir deles. Confira um quadro resumo de suas idéias:

4 TEMPO: os desafios de uma nova dimensão

VILÃO	RESOLUÇÃO
Reuniões: intermináveis e improdutivas, quase diárias, que não levam a resultado algum.	- Defina objetivos. - Cumpra horários (inicial e final). - Estabeleça duração máxima de 1h30. - Convoque apenas os imprescindíveis. - Delegue atividades, eleja responsáveis e defina cronograma de execução.
E-mails: caixas abarrotadas de mensagens, a maior parte delas sem interesse para o trabalho.	- Defina horários para leitura dos *e-mails*. - Desligue o aviso de recebimento de novas mensagens. - Trate assuntos complexos ao telefone ou pessoalmente. - Escreva objetivamente. - Deixe na caixa de entrada apenas os itens em execução. - Crie pastas personalizadas. - Tenha dois *e-mails*: um profissional e outro pessoal.
Internet: acesso constante a *sites*, navegação entre *links*, uso inadequado do MSN, etc.	- Estabeleça política pessoal de acesso à Internet. - Defina claramente o que pretende pesquisar na Internet. - Evite acessar *e-mail* pessoal no ambiente de trabalho. - Utilize apenas o MSN corporativo. - Deixe o pessoal para casa.

4 TEMPO: os desafios de uma nova dimensão

VILÃO	RESOLUÇÃO
Cafezinho e conversas de corredor: a freqüência e a duração podem atrapalhar o ritmo de trabalho.	- Evite agendar tarefa em conversa de corredor. - Corte, educadamente, a conversa prolongada. - Agende esses contatos em momentos de deslocamento, como retornos de reunião ou do almoço.
Interrupções na mesa de trabalho: atrapalham a concentração e tiram o foco da atividade.	- Seja assertivo, dizendo "não" quando necessário. - Deixe claro que não pode ser interrompido. - Negocie data para resolução de problemas inadiáveis. - Defina tempo de diálogo, caso seja interrompido. - Evite deixar material e objetos interessantes sobre a mesa.
Telefonemas: dispersam a atenção e consomem muito tempo de trabalho.	- Na impossibilidade de atender e, caso não tenha secretária, retire o telefone do gancho. - Se disponível, atenda imediatamente. - Reserve tempo na agenda para retornar ligações. - Seja objetivo, mantendo o foco na conversa. - Desligue o celular ou o mantenha no modo silencioso em reuniões ou compromissos formais.

4 TEMPO: os desafios de uma nova dimensão

Uma das dificuldades em lidar com o tempo pode ser atribuída à ansiedade. Ao se sentir insegura, a pessoa se torna ansiosa e, por isso, passa a adotar comportamentos de revisão, repetidas vezes, sobre o que fez. O trabalho sob a responsabilidade dessa pessoa "fica preso", "não anda", pois ela pensa que a tarefa está incompleta e interpreta que tudo o que se faz nunca é o suficiente para concluí-la. Trata-se de um julgamento pessimista e negativo freqüente, que chega a tornar-se, em alguns casos, uma mania.

Essas atitudes geralmente são provocadas pelo medo que o indivíduo tem de ser criticado, de sofrer uma avaliação negativa do que fez. Algumas vezes, a pessoa pode apresentar dificuldades em diferenciar o que ela faz do que ela é. Em tais casos, o pensamento recorrente é: "Se o meu trabalho não está perfeito, é porque eu sou ruim ou porque sou incompetente."

Há necessidade de se aprender a diferenciar o que se faz, em termos de crescimento profissional, do que se é, como pessoa. Evidentemente ambos estão associados, mas não podem ser confundidos. A autoconsciência facilita a correta visão da realidade, ao passo que a alimentação de imagens ruins repercutirá numa insatisfação constante sobre o que se faz. E, por isso também, perde-se muito tempo.

Atenção e foco são dois outros elementos que influenciam no aproveitamento ou na perda de tempo. A concentração é o oposto da dispersão. Um indivíduo disperso dificilmente conseguirá concluir uma tarefa e se o fizer será, provavelmente, fora do prazo estipulado. Aquele que se concentra no que deve ser feito terá maiores chances de alcançar bons resultados em seus empreendimentos. Estar atento ao que e como fazer facilita a trajetória pessoal e profissional do indivíduo.

A definição de prioridades é mais um fator decisivo no quesito aproveitamento do tempo. É humanamente impossível fazer tudo ao mesmo tempo. Até os super-heróis têm as suas limitações, e trabalhar em equipe é cada vez mais necessário para a resolução de problemas e alcance de objetivos.

Eugenio Mussak, na obra *Metacompetência*, destaca a necessidade de se ter uma agenda. Mais que isso, de se usar bem a agenda. Ela é um instrumento de libertação, ao contrário do que alguns pensam, entendendo-a como prisão. A agenda é fundamental para disciplina, organização e cumprimento de compromissos assumidos e, sobretudo, para a economia de tempo. Estabelecer prioridades é o caminho mais curto e sensato para se cumprir o agendado.

E se todas as prioridades forem zero? Com certeza, alguma coisa está errada e, em breve, o indivíduo será obrigado a reprogramar seus compromissos, caso ainda continue vivo. Hoje em dia são comuns os casos de grave comprometimento do estado de saúde e necessidade de afastamento forçado das funções para

4 TEMPO: os desafios de uma nova dimensão

se cuidar. Nessas situações, somos convidados e convocados a repensar a nossa própria vida e o que elegemos como mais significativo para nós.

Distinguir o essencial do supérfluo, o principal do secundário, exige autopercepção, e é uma das condições básicas para a realização pessoal e profissional. Nem sempre é fácil definir o que é mais urgente e importante. Nesse contexto, o autor citado apresenta o diagrama de seleção de tarefas conforme sua importância e urgência.

	IMPORTANTE	NÃO-IMPORTANTE
URGENTE		
NÃO-URGENTE		

De acordo com a sua agenda de compromissos, tente você mesmo preencher os quadrantes, associando as variáveis: importante/urgente; importante/ não-urgente; não-importante/urgente; não-importante/ não-urgente.

4 TEMPO: os desafios de uma nova dimensão

Se a incidência maior de compromissos ficou no primeiro quadrante (importante/urgente), você pode estar "à beira de um ataque de nervos". Saia dessa situação o quanto antes, pois não há como resistir muito tempo em tensão. A situação preferível é concentrar-se no quadrante importante/não urgente, pois quando o importante se tornar urgente já terá sido realizado.

É necessário enfrentar os desafios dessa dimensão chamada tempo, a fim de utilizarmos as ferramentas que ela nos oferece a nosso favor, e não deixar que se tornem nossas adversárias. Daí a conveniência, utilidade e oportunidade de trabalhar a favor do tempo e fazer com que ele seja um aliado na execução dos nossos intentos.

Aprenda a usar o tempo a seu favor. Para isso, mais que traçar planos em sua vida, é necessário elaborar planejamentos. Adquira o hábito de planejar o que vai fazer. Defina o quê, por quê, como, quando, quanto, com que recursos. Dizem os ditados que todo "santo empurra aquele que sabe aonde vai"; "que a vida conspira a favor"; "que fulano(a) de tal nasceu com uma estrela na testa". Além da ajuda angelical, precisamos fazer a nossa parte. O anjo empurra, mas quem anda somos nós.

Atitude é aproveitar o tempo, vivendo intensamente as oportunidades que a vida oferece.

5

Inteligência

Todo mundo é inteligente,
inclusive você e eu

ATITUDE
é ser inteligente para fazer as melhores escolhas nos momentos de decisão.

A *inteligência* pode ser definida como a capacidade mental de raciocinar, planejar, resolver problemas, abstrair idéias, compreender conceitos, linguagens e aprender. Na Psicologia, os conceitos de inteligência são atribuídos, dentre outros, ao âmbito da criatividade, personalidade, caráter e sabedoria.

Na atualidade, alguns investigadores propõem que a inteligência não é *uma*, mas consiste num conjunto de capacidades relativamente independentes. A teoria das *Inteligências Múltiplas*, desenvolvida a partir dos anos 80 por uma equipe de pesquisadores da Universidade de Harvard, liderada pelo psicólogo Howard Gardner, identificou sete tipos de inteligência e teve grande impacto na educação no início dos anos 90.

As inteligências relacionadas foram:

1. *Lógico-matemática*: capacidade de analisar problemas, operações matemáticas e questões científicas (matemáticos, engenheiros, cientistas).
2. *Lingüística*: sensibilidade para a língua escrita e falada (oradores, escritores, poetas).

3. *Espacial*: capacidade de compreender o mundo visual de modo minucioso (arquitetos, desenhistas, escultores).
4. *Musical*: habilidade para tocar, compor e apreciar padrões musicais (músicos, compositores, dançarinos).
5. *Físico-cinestésica*: Potencial de usar o corpo para dança, esportes (mímicos, dançarinos, desportistas).
6. *Intrapessoal*: capacidade de se conhecer (escritores, psicoterapeutas, conselheiros).
7. *Interpessoal*: habilidade de entender as intenções, motivações e desejos dos outros (políticos, religiosos, professores).

Mais recentemente, ele agrupou as duas últimas como "inteligências pessoais" e sugeriu outras duas categorias:

1. *Naturalista*: de reconhecer e classificar espécies da natureza.
2. *Existencial*: preocupação com questões fundamentais da existência.

Gardner explica que as inteligências não são objetos que podem ser contados, e sim potenciais que poderão ser ou não ativados, dependendo dos valores de uma cultura específica, das oportunidades disponíveis nessa cultura e das decisões pessoais tomadas por indivíduos e/ou suas famílias, seus professores e outros.

5 INTELIGÊNCIA: todo mundo é inteligente, inclusive você e eu

Daniel Goleman e outros pesquisadores desenvolveram o conceito de inteligência emocional e afirmam que essa inteligência é pelo menos tão importante como a perspectiva mais tradicional de inteligência.

A *inteligência emocional* é um tipo de inteligência que envolve as habilidades para perceber, entender e influenciar as emoções. Foi introduzida e definida por John D. Mayer e Peter Salovey. Inteligência emocional, denominada também de EI, é medida freqüentemente como um Quociente de Inteligência Emocional ou um QE emocional. Descreve uma capacidade ou uma habilidade de perceber, para avaliar, e controlar as emoções de si mesmo, de outro, e dos grupos.

Alguns autores reportam-se à *inteligência social* como instrumento indispensável para o bom relacionamento no ambiente familiar, estudantil, empresarial e no convívio com a comunidade na qual o ser humano está inserido.

Outros pensadores, na perspectiva dos teóricos da administração holística, referem-se à *inteligência espiritual*, que ultimamente passou a ocupar destaque na avaliação de perfis profissionais. Vitório Arruda, no livro *A inteligência espiritual: espiritualidade nas organizações*, esclarece que para se trabalhar com números e lógica, utiliza-se a inteligência intelectual (QI), para se relacionar com pessoas, é preciso desenvolver

5 INTELIGÊNCIA: todo mundo é inteligente, inclusive você e eu

a sensibilidade da inteligência emocional (QE), e para empreendermos a longa viagem do autoconhecimento, que possibilita ao indivíduo trabalhar a si mesmo, é indispensável a inteligência espiritual (QS).

Naqueles momentos em que você se sente preso, amarrado pela dúvida de estar ou não escolhendo, qual a melhor opção? Os minutos passam, as horas passam, os dias... e refletimos muito, verificamos as vantagens e desvantagens de agir de uma ou de outra forma, tomando todos os cuidados para nos assegurar do que seja mais correto para que o arrependimento não venha depois. No entanto, ainda bate aquele medo!

Pode ser excesso de zelo, preciosismo que acaba por ofuscar nossa capacidade de nos desprendermos do que já está na verdade decidido. Ou uma dificuldade de nos desprendermos das coisas, pensamentos e incertezas, pela descrença da nossa própria condição de lidar com o futuro. Desse modo, estamos neglicenciando nossa inteligência, o potencial dentro de nós em estado de prontidão para ser ativado a qualquer momento de nossas necessidades.

Gardner, ao considerar a inteligência em seus aspectos mais diversos como um potencial, expande a compreensão da condição humana, elevando a sua capacidade de estar sempre aprendendo e desenvolvendo suas habilidades.

Podemos nascer com essas ou aquelas tendências, adquirir alguns conhecimentos que nos

5 INTELIGÊNCIA: todo mundo é inteligente, inclusive você e eu

favorecem em algumas áreas, as experiências podem nos transformar em mestres ou doutores, porém a facilidade de um pode ser a dificuldade de outro, e a dificuldade deste em alguma área pode ser o trunfo pessoal daquele outro.

Parece bobagem dizer isso, mas, ao contrário, diríamos que é reconfortante essa compreensão. Pois, dentro de nós estão os elementos de que necessitamos e devemos lançar mão, desenvolvendo-os. Eles apenas aguardam nossa decisão e oportunidade de expandi-los.

Quer saber o que realmente é ser inteligente? É a atitude de não parar nunca, não desistir de si mesmo, não se deixar morrer por dentro... É entender que sempre existem outras opções, outras portas e janelas abrindo-se e fechando-se para nós a cada passo que damos, a cada escolha que fazemos, a cada posicionamento que assumimos.

Um filósofo antigo chamado Epíteto (70 a.C.) já afirmava que as pessoas se abalam muito mais com o que pensam sobre as coisas do que como as coisas são em si. Modelamos o mundo por meio do pensamento e assim lidamos com ele de acordo com o que percebemos, nossas metas, planos e desejos. O pensamento se processa e forma conceitos de acordo com as situações vivenciadas. Esses conceitos formam esquemas de respostas elaborados e construídos, prontos para serem utilizados como "ferramentas administrativas" para

5 INTELIGÊNCIA: todo mundo é inteligente, inclusive você e eu

perceber a realidade, avaliar os caminhos, construindo referenciais para organizar ações e antecipar resultados. É a inteligência que denominamos de "autogestão". Esse é o lado mais racional do ser humano.

O uso dessas ferramentas administrativas podem conduzir à capacidade de autogerenciamento, de concretização, de atendimento das próprias necessidades e de auto-realização. Envolve bem mais que o raciocínio para que se chegue a conclusões. Envolve a cognição como melhor mecanismo de adaptação ao meio e de interação com ele sem que percamos nossa identidade existencial. Ajuda a estabelecer relações significativas, facilitando no enfrentamento dos momentos difíceis.

A psicóloga Maria de Lucca enfatiza que o segredo do bem-viver está na objetividade com que lidamos com as coisas. É a atitude de considerar as diferenças como complementos e não como obstáculos. Para ela, o conceito que damos às coisas são idéias preconcebidas, e o equilíbrio do ser é alcançado com a soma das diferenças, quando identificamos as possibilidades de crescimento, não lutamos contra a diversidade e aceitamos o momento presente.

Ser objetivo consigo mesmo e para com a vida é uma atitude inteligente. Desculpem-me os poetas e sonhadores, mas não dá para seguir a vida apenas pelas vias do coração, pois muitas vezes ele está enceguecido pelas fortes emoções, desequilibradas e

5 INTELIGÊNCIA: todo mundo é inteligente, inclusive você e eu

confusas... O coração precisa se educar pelo senso da razão, aprender a ser mais objetivo para não perder tempo em sofrimentos que poderiam ser evitados nos momentos de indecisão.

As melhores escolhas que fazemos são aquelas em que ponderamos o que pensamos e sentimos, considerando as experiências passadas e calculando riscos que somos capazes de correr dentro do nosso próprio limite, sem desestruturar nossa integridade pessoal.

Somos potencialmente inteligentes e devemos lidar com a nossa existência com essas importantes ferramentas para enfrentarmos as mudanças, as dificuldades e os resultados de nossas escolhas.

Atitude é ser inteligente para fazer as melhores escolhas nos momentos de decisão.

6

Tentativa

A solução ao seu alcance

ATITUDE
é tentar quantas vezes forem
necessárias para se alcançar
o objetivo desejado.

Quantas vezes você quis *acertar na mosca*, veio com *a corda toda*, porque queria *descascar o abacaxi*, mas acabou *trocando os pés pelas mãos*? *Chutou o pau da barraca, enfiou o pé na jaca, entrou pelo cano, comeu cru e quente* para, no final, tudo *acabar em pizza*? E ainda disse para si mesmo: "Depois dessa, nunca mais..."?

As curiosas expressões acima dispensam explicações. Todo mundo – você, eu, sua sogra e a minha também – já tivemos nosso "dia de glória". E já pudemos viver, por experiência própria, a conhecida Lei de Murphy: "se alguma coisa pode dar errado, dará."

Nesses momentos, pensamos em desistir de tudo, deixar de lado o que estamos fazendo, não dar mais importância a nada, pois parece que o mundo se rebelou contra nós.

Quando isso acontecer, não será demais respirar profundamente e contar até dez, *antes* de tomar qualquer decisão. Depois, repetir a contagem, se necessário... Agir de cabeça quente pode gerar conseqüências desastrosas. Não raro, levamos anos

6 TENTATIVA: a solução ao seu alcance

corrigindo o erro de uma ação irrefletida, cometido em apenas um segundo. Construir é sempre mais difícil que destruir. Reconstruir, então, nem se fala.

Nessas situações, evidencia-se a necessidade de tentar outra vez e de continuar tentando... A tentativa é uma ação que conduz a determinada direção. Estreita-se com o modo de fazer, geralmente repetitivo, pois a pessoa não procura outras formas de agir, outras alternativas de ação. Fica limitada, sem condições de analisar o "antes" da ação, ou seja, as variáveis que podem ter influenciado ou determinado que alguma coisa ocorresse daquela maneira. O "depois" da ação também não costuma ser avaliado, pois o pensamento recorrente é: "Se a coisa não está dando certo, por que insistir? Tentamos, tentamos e tentamos... e tudo continua dando errado. Não seria melhor desistir?"

A resposta é: "não". Não desista nunca dos bons propósitos, daqueles que você acredita que lhe trarão benefícios e beneficiarão outros envolvidos no contexto da relação.

Se você desistir, jamais saberá da real capacidade de conquistar o almejado, superando obstáculos e desafios do caminho.

Há caminhos diferentes dos comumente traçados, que podem apontar soluções distintas, até então não percebidas. O desenvolvimento de habilidades sociais está entre os principais fatores que nos levarão a reverter contextos de fracasso em alternativas para o sucesso.

6 TENTATIVA: a solução ao seu alcance

No período da infância, a criança tem nos pais a base de sua segurança. Quando sua dependência aos pais é bem-sucedida, ela possui a força e a segurança necessárias para reestruturar sua organização psicológica e prosseguir na adolescência. Quando este vínculo com a família não é bem-estruturado ou se apresenta com falhas no relacionamento, a criança cresce e leva para as fases da adolescência e adulta suas inseguranças. Estas se manifestam de diversas maneiras: timidez, necessidade de se auto-afirmar, de pertencer permanentemente a grupos, maneirismos (ou tiques), dificuldades de relacionamento com pessoas do mesmo sexo ou do sexo oposto, baixa auto-estima, agressividade, dificuldades de desenvolver um relacionamento íntimo, etc.

Algumas pessoas demonstram suas inseguranças depositando no outro uma maneira de encontrar "o bom pai": na pessoa com quem se relaciona, se casa ou no amigo, para que a reconforte em seus momentos de aflição, dedique-lhes amor sem reservas e as aceite pelo que elas são, e não pelo que fazem.

Só que nem sempre isso é possível. Para pertencer a um grupo, o adolescente precisa ser aceito e aprovado, e se ele não desenvolve sua identidade ao longo do tempo, torna-se um adulto dependente da aprovação dos outros. Necessita saber o que os outros pensam a seu respeito, decidindo qual deve ser seu comportamento diante das situações, para não se sentir

6 TENTATIVA: a solução ao seu alcance

rejeitado por eles. A pessoa vive num eterno sofrimento de ter que agradar os outros, não consegue dizer não, pois em seu íntimo deseja ser amada e não importa o sacrifício que tenha de fazer.

A dificuldade em dizer "não" é tão presente na vida de algumas pessoas que elas passam boa parte do tempo sofrendo com isso. É o que afirmam Fensterheim e Baer na obra *Não diga sim, quando quer dizer não*.

Uma pessoa, para se sentir completa em sua integridade psicológica, precisa desenvolver suas habilidades sociais, a fim de se relacionar adequadamente, expressar seus verdadeiros sentimentos e pensamentos sobre as coisas. Mas, primeiramente deverá aprender a se amar e a se respeitar. Conhecer suas próprias necessidades, seus valores, estar pronta para examiná-los quando for preciso, a fim de se adequar ao que a vida lhe pede.

Precisa, ainda, aprender novas habilidades e modificar as próprias ações. Mudar seus sentimentos a respeito de si mesma e dos outros. Reestruturar sua personalidade e criar um novo estilo de vida – mais saudável, feliz –, expressando-se acertadamente e aprendendo a lidar com as pessoas.

Nesse contexto de habilidades sociais, a comunicação é valioso recurso para um relacionamento harmonioso entre as pessoas. Assim, é válido considerar as duas principais funções do processo comunicativo: saber ouvir e saber falar.

Saber ouvir e falar

Você já deve ter estado diante de pessoas tagarelas, daquelas que não dão chance para que os outros se manifestem. Apenas elas falam e, na seqüência, elas continuam falando, falando, falando... Com certeza a imagem de pelo menos um conhecido está lhe vindo à mente.

O oposto também provavelmente já ocorreu. Você deve conhecer pessoas que nunca, ou muito raramente, dizem alguma coisa. São aquelas que preferem ouvir todo mundo e, ao final, fica aquele silêncio estranho, aquele hiato, até que outro indivíduo, não ela, retome a palavra. E ela continua ouvindo, ouvindo, ouvindo...

O fato é que saber ouvir é tão difícil quanto saber falar. O ideal é não falar muito nem pouco. Apenas o suficiente. Mas, feliz ou infelizmente, no relacionamento humano as medidas não são exatas conforme os preceitos matemáticos.

Algumas recomendações a esse respeito podem ajudar tanto os falantes, que precisam aprender a ouvir mais e falar menos, quanto os calados, que precisam aprender a falar mais e ouvir menos.

A arte de saber ouvir

No processo da comunicação e do sucesso do relacionamento interpessoal, saber *escutar* é fundamental.

6 TENTATIVA: a solução ao seu alcance

A escuta dinâmica é uma prática que favorece um alto grau de autoconsciência para o processo de compreender, reconhecer a outra pessoa e de responder a ela. Às vezes, a dificuldade de escutar e entender o que o outro nos fala está influenciado por mecanismos de seleção das informações. Esses mecanismos influenciam a quantidade e a qualidade de informações que ouvimos, e ocorrem quando:

a) passamos a escutar apenas aquilo que desejamos, ou o melhor ou o pior;
b) damos demasiada importância àquilo que sabemos ou pensamos saber da pessoa que está falando, de modo que deixamos de escutar a verdadeira mensagem;
c) ouvimos os fatos e ignoramos as mensagens emocionais; e
d) nos distraímos.

Para evitar essas situações, devemos nos tornar um ouvinte dinâmico, entendendo o processo em sua totalidade. As respostas a seguir apresentadas facilitam a compreensão sobre a arte de saber escutar.

O QUE É?
É ficar em silêncio enquanto o outro fala, tornando-se receptivo às suas palavras.

6 TENTATIVA: a solução ao seu alcance

QUANDO?
Sempre que o outro estiver falando.

QUANTO?
O necessário. Tudo o que outro tiver para falar.

ONDE?
Onde estiver. Em qualquer lugar.

COMO?
- Prestando atenção no que o outro fala. Em silêncio, não interrompendo nem antecipando respostas ou fazendo deduções apressadas.
- Ficando quieto, prestando atenção somente na fala da outra pessoa. Não nos sentimentos, mas no que está por detrás deles: a mensagem.
- Não interrompendo ou reagindo negativamente enquanto o interlocutor fala.
- Mostrando solidariedade, ouvindo sem idéias preconcebidas ou preconceituosas.
- Olhando para a pessoa que fala, não se distraindo.
- Confirmando "o que entendeu" e não "que entendeu", certificando-se com a pessoa se o que entendeu era o que ela queria que você soubesse. Resumindo as afirmações do

interlocutor, dizendo com as próprias palavras o que o outro disse, enunciando a idéia. Isso exemplifica o que você pensa a respeito ou mostra o que apreendeu do que foi dito.

A arte de saber falar

- Seja sensível, pare e pense: Qual seria a melhor maneira de dizer isso a mim mesmo? Como eu gostaria que me falassem a respeito de um comentário meu? Qual seria a maneira menos dolorosa de falar a mim mesmo sobre isso?
- Fale utilizando sempre a 1.ª pessoa: "Eu".
- Inicie a conversa sempre expressando algo positivo sobre o que o outro pensa.
- Mostre que você compreende a posição da outra pessoa e o que ela pensa é válido.
- Ilustre sua posição com fatos relevantes.
- Use a repetição de sua posição se for necessário.
- Exemplifique as razões para sua posição.
- Procure um meio-termo. Sua meta deve ser uma solução com satisfação mútua.
- Posicione-se fisicamente próximo à outra pessoa com quem está falando.
- Use as expressões faciais apropriadas.

- Controle seu tom de voz.
- Dê suas impressões sobre o assunto, o que sente, percebe, mas não generalize.
- Converse um assunto de cada vez e somente inicie outro quando tiver tratado completamente o anterior.
- Fale somente sobre o assunto ou o comportamento em questão que está lhe incomodando, e não sobre a pessoa.
- Não faça crítica pessoal, debata idéias.
- Exponha as idéias sem culpar.
- Dê atenção e apreço.
- Certifique-se de que a outra pessoa realmente entendeu você.
- Não diga: "Você não está entendendo ou não me entendeu". Isso é agressivo ou, no mínimo, indica que você está certo e seu interlocutor está errado.
- Diga: "Talvez eu não tenha me expressado bem ou adequadamente... Vou me fazer entender melhor...".

Vantagens de saber ouvir e falar

Saber ouvir e falar oferece várias vantagens para um relacionamento mais íntimo e verdadeiro.

6 TENTATIVA: a solução ao seu alcance

Converte-se em uma relação de ganha-ganha, em que o benefício é mútuo. Tanto o emissor de uma mensagem quanto o seu interlocutor saem lucrando. Confira algumas das vantagens e reflita se não vale à pena agir conforme sugerido, pois o seu interlocutor:

a) Sabe o que você quer.
b) Sabe a importância que aquilo tem para você.
c) Sabe o que você sente quando não faz o que você quer ou precisa.
d) Passa a respeitar seus desejos.
e) Sabe sobre o que você deseja que seja mudado.
f) Passa a vibrar na mesma freqüência que você.

Crítica: um assunto ainda difícil para todos nós

Na busca da aquisição das competências pessoais, o ser humano vive à procura de fórmulas mágicas que possam transformá-lo numa pessoa mais feliz consigo própria, se aceitando e se amando. Outra forma de sentirmos essa felicidade é quando percebemos as demonstrações do outro de estar feliz com nossa presença, que nos aceita e nos ama. O equilíbrio emocional entre o que sentimos sobre

6 TENTATIVA: a solução ao seu alcance

nós mesmos, e o que percebemos dos sentimentos do outro sobre nós, influencia o modo como pensamos e sentimos sobre nossa pessoa e como vamos nos relacionar com o semelhante.

Na vida de relação, assumimos às vezes, pela força das circunstâncias, duas posições: a de crítico e a de criticado. Não há como fugir. Mais cedo ou mais tarde, vamos enfrentar tais situações em nossa vida. É bom saber como nos comportar nessas circunstâncias.

Duas recomendações básicas devem ser observadas de imediato e, se atendidas, poderão resolver de uma vez por todas a difícil questão.

A primeira: na posição de crítico, jamais farei uma crítica pessoal. Minhas críticas serão sempre a um comportamento, atitude, idéia, conceito, pensamento, filosofia...

A segunda: na posição de criticado, jamais tomarei uma crítica como pessoal. Entenderei e sentirei que ela se refere a um comportamento, atitude, idéia, conceito, pensamento, filosofia... que emiti, expressei ou defendi.

É aceitável, compreensível e até desejável que as pessoas pensem e se expressem diferentemente umas das outras. Afinal, somos indivíduos. Há semelhanças de gostos e afinidades em algumas situações, mas nunca com igualdade absoluta de pensamentos e comportamentos. Só esse entendimento já bastaria

6 TENTATIVA: a solução ao seu alcance

para que a compreensão e o respeito se estabelecessem entre as pessoas! Somos humanos, porém, e nada é tão simples assim na vida, pois ao mesmo tempo em que somos agentes de nossa felicidade, também ensejamos a nós mesmos os embates conflituosos que nos causam dores e sofrimentos, se não soubermos lidar com as conseqüências de nossas ações.

Você lida bem com a crítica? A crítica é um pouco como uma pílula amarga. Embora seja difícil e desagradável de dar ou receber, ela é imensamente útil. É recebendo críticas que ampliamos nossa consciência de como as outras pessoas percebem o que estamos fazendo, modificamos as atitudes que parecem não dar certo e podemos crescer com essa experiência. Oferecendo uma crítica, podemos ajudar outra pessoa a fazer o mesmo.

O que torna a crítica tão difícil, tanto de ser feita quanto de ser recebida, é que ela geralmente faz a pessoa sentir-se vulnerável. Ela atinge todos os aspectos da intimidade, desde a qualidade daquilo que se faz até seus sentimentos a respeito do desempenho ou relacionamento com a outra pessoa. Por causa da vulnerabilidade, as pessoas costumam ficar na defensiva quando são criticadas.

O que se deve fazer para evitar situações constrangedoras ou desavenças é aprender a tornar construtiva a crítica.

Como fazer uma crítica:

- *Antes de fazer a crítica*: identifique o comportamento que você está criticando e por que isso é um problema, e procure a melhor maneira de apresentar a crítica.
- *Durante o processo da crítica*: deixe claro que você está relatando suas próprias percepções, dê exemplos específicos para ilustrar o problema, não deixe de oferecer uma compensação positiva, reconheça a dificuldade da situação da pessoa, alvo da crítica, procure indícios da reação dela, estude as possíveis soluções, reitere os benefícios futuros, termine em tom positivo.
- *Depois da crítica*: arremate a conversa, avalie a eficácia das mudanças.

Como receber uma crítica:

- Reconheça que você vai aprender alguma coisa com essa crítica.
- Escute cuidadosamente antes de dizer alguma coisa.
- Atente para suas emoções.
- Assuma a responsabilidade pelos seus atos.

6 TENTATIVA: a solução ao seu alcance

- Desative quaisquer mecanismos de defensiva.
- Faça afirmações de auto-revelação.
- Use a positividade.
- Seja sensível ao que a pessoa que critica está sentindo.
- Resuma as afirmações da outra pessoa.
- Mostre-se disposto a mudar.

Se perceber que não consegue falar sobre um determinado assunto ou se a hora não for apropriada, ou, ainda, retomar algum assunto percebendo que pode haver desgaste da relação ao continuar, então é hora de parar. Faça outras coisas que aliviem o clima de tensão existente. Distraia-se. Não fique remoendo ou alimentando idéias. Elas podem estar erradas ou distorcidas sobre o fato. Isso só o deixará angustiado. É mais produtivo relaxar e retomar a conversa num outro momento. Posteriormente, pode-se avaliar quais as dificuldades que estão controlando a situação, a tal ponto que não se consiga conversar sobre esse problema.

Vejamos, então, um quadro ilustrativo sobre a crítica, com sentimentos e reações dela decorrentes.

6 TENTATIVA: a solução ao seu alcance

TIPO DE CRÍTICA	CRÍTICO	CRITICADO	
		SENTIMENTOS	REAÇÕES
PESSOAL	Você é um chato!	Agressão Mágoa Ofensa	Agressividade Distanciamento Indiferença
COMPORTAMENTAL	Quando você age desta forma (especificar), eu não gosto. Prefiro...	Compreensão Necessidade de entendimento mútuo	Atenção Receptividade Vontade de mudar

Saber criticar e receber uma crítica é um dos grandes desafios para todos nós. Mas, a atitude correta, o modo adequado de dizer as coisas e o momento certo, com certeza farão toda a diferença!

Habilidades de análise e resolução de problemas

1. Pense: "Qual é o problema a ser resolvido"? Onde, quando, quem são as pessoas envolvidas? O que ocorreu antes e depois do problema?

6 TENTATIVA: a solução ao seu alcance

2. Reflita: "Como faço normalmente para resolvê-lo"?
3. Pense: "O que penso e sinto *antes* de agir? E *depois* que agi, o que penso e sinto sobre mim e a situação decorrente de minha ação?"
4. Defina qual é o *objetivo útil*? De que maneira é mais apropriada a realização?
5. Verifique: "Podem existir outros modos de agir? Outras alternativas melhores?"
6. Escolha a alternativa que parece ser a mais vantajosa para você!
7. Lembre-se: "Reforce-se com pensamentos positivos e criativos!"
8. E finalmente, após a nova ação, avalie seu desempenho: Como foi? Que nota você se daria de 0 a 10? Que dificuldades ainda enfrentou? Quais foram as facilidades? O que mudaria para a próxima vez?

*

Após o esforço de assumirmos um comportamento mais equilibrado, diante de nós mesmos e dos outros, contando com os recursos de habilidades sociais, aquelas expressões citadas no início deste capítulo poderão ser gradativamente substituídas por outras mais assertivas. Confira se é melhor para você:

6 TENTATIVA: a solução ao seu alcance

EM VEZ DE	USE
Descascar o abacaxi	Resolver o problema difícil
Chutar o pau da barraca	Agir calmamente
Enfiar o pé na jaca	Ser assertivo
Entrar pelo cano	Buscar alternativas
Comer cru e quente	Pensar antes de agir e não agir antes de pensar

É provável que assim você se torne mais feliz. Ou, pelo menos, terá feito a sua parte tentando...

Atitude é tentar quantas vezes forem necessárias para se alcançar o objetivo desejado.

7

Utilidade

A missão de cada
um de nós

ATITUDE
é cumprir a missão de ser útil a todos,
em todo lugar e a qualquer hora.

Escolhi como missão de vida ser útil a mim e a todos com quem me relaciono diariamente, ou de vez em quando.

Descobri que o prazer de servir dá sentido à vida e a ocupação útil do tempo reverte-se em benefício ao próprio indivíduo. Você poderia pensar se não é uma maneira egoísta de ser, mas para mim representa a busca da plenitude. É dar sentido ao que se faz na tentativa de ser feliz. O estado de felicidade é naturalmente almejado por todo ser humano. Quem não deseja ser feliz?

Muitas pessoas vêem a felicidade em um ponto de chegada, em um porto seguro, num destino concluído. E, com certa freqüência, desiludem-se ao reconhecê-la tão distante, quase impossível de ser alcançada. O foco de atenção dessas pessoas está no momento final do processo de conquista. Esse conceito de felicidade pode acarretar sofrimento para elas, principalmente quando a expectativa que possuem a respeito do objeto pretendido for maior do que o resultado alcançado, causando grande frustração. Daí caberia pensar se antes de conviver com a desilusão não se deveria refletir um pouco mais e verificar os meios de se conquistar a felicidade, atentando-se para as variáveis intervenientes.

7 UTILIDADE: a missão de cada um de nós

Sob uma ótica diferente, a felicidade é entendida como a própria caminhada, a trajetória, a jornada que empreendemos em nosso processo evolutivo. Às vezes, revela-se em detalhes que nos passam despercebidos, pois nunca temos tempo de observá-los: os fenômenos da natureza que se repetem diariamente estão sempre a nos ensinar lições que jamais deveríamos esquecer; os momentos que passamos com os nossos familiares, e que julgamos "chatos"; aqueles em que aprendemos algo novo ou lições nas quais não havíamos parado para pensar...

O homem, como ser social, deve viver no contexto da sociedade. Não há como ser plenamente feliz sozinho, isolado. Seria uma felicidade egoísta. Felicidade e egoísmo são duas palavras que não caminham juntas. Alguém poderia estar alegre durante alguns momentos, mas logo sentiria o tédio do vazio pela falta do essencial: o compartilhamento do que se *tem* e do que se é. Compartilhar o que se é torna-se fundamental para que o indivíduo não perca o referencial de si mesmo. A felicidade, que até então era apenas minha, passa também a ser do outro.

Conta uma história que certa vez o conhecido filósofo Sócrates foi procurado por um jovem discípulo que lhe desejava falar. Chegou apressado, ansioso e dirigiu-se ofegante ao sábio: "Mestre, tenho algo muito importante a lhe dizer." E, antes que continuasse a falar, Sócrates olhou-o serenamente e perguntou-lhe:

7 UTILIDADE: a missão de cada um de nós

"O que você tem a me contar é verdadeiro?" O jovem, que ainda não se habituara à reflexão, pensou um pouco, e respondeu: "Mestre, eu não sei se é verdade, mas me disseram..." O sábio não o deixou concluir e indagou-lhe: "O que você tem a me dizer é bom?" O jovem retrucou: "Ah!, Mestre, com certeza, não é." O experiente filósofo, olhando-o mais profundamente, como que a investigar-lhe a essência das intenções, questionou-lhe: "O que você tem a me falar é útil?" E o jovem um pouco aturdido com tantos questionamentos, diz: "Não sei, Mestre, se o que tenho a lhe falar será útil para alguém." "Então – concluiu Sócrates – não me diga nada." O jovem deu meia volta e afastou-se pensativo...

Essa é a história dos três crivos ou das três peneiras. Ela pode ser aplicada aos sentimentos, pensamentos e palavras. Antes de pensar, sentir ou falar qualquer coisa para alguém, sobre alguém ou algo, deveríamos passar nossas informações pelos três crivos simultaneamente. Será que é verdadeiro, bom e útil? Se houver reprovação em qualquer um dos requisitos, é preferível não falarmos qualquer coisa a respeito, porque o que iremos sentir ou pensar refletirá o que somos e como estamos vivendo.

Isso implica um maior aproveitamento da vida. Seríamos, certamente, mais quietos e menos falantes, dando atenção ao que realmente é importante e urgente. As futilidades, maledicências e seus companheiros não teriam espaço em nossa existência.

7 UTILIDADE: a missão de cada um de nós

A utilidade que aqui adotamos é diferente do utilitarismo. Este vincula-se, geralmente, ao materialismo, consumismo desenfreado, egoísmo, hedonismo e outros "ismos". O utilitarista age em benefício próprio, ao contrário da pessoa que busca ser útil e auxiliar o outro. Quem é útil recebe o benefício como conseqüência natural de suas ações.

O que é ser útil, afinal?

Ser útil é colocar a alteridade em prática: é procurar "olhar pelo olhar do outro", entendendo a sua realidade, suas limitações e facilidades para lidar com o mundo. É compreender, que a seu modo, ela é capaz de atender às próprias necessidades e interesses, ou de fazer o que está a seu alcance para lidar com as coisas a seu redor e com as pessoas de seu convívio. E, por isso, ela merece todo nosso respeito.

Ao compartilhar para uma turma de alunos essa minha missão de ser útil a todos e anunciar a visão que tinha de um futuro feliz, de alcançar a verdadeira felicidade, imaginei estar sendo original. Qual não foi a minha grata surpresa: a missão de ser útil e a visão de ser feliz não eram exclusivas. Ao contrário: elas eram praticamente comuns. Constatei isso pelas respostas que os alunos me deram. Senti que meu desejo, meu ideal de vida, era compartilhado por muitos, e concluí que o mundo poderá um dia ser melhor. Imagine um mundo em que todos queiram ser úteis e desejem trabalhar pela felicidade própria e dos outros! Será um

7 UTILIDADE: a missão de cada um de nós

paraíso, o sonho de consumo de toda pessoa bem intencionada e que efetivamente converte suas boas intenções em ações concretas, transformadores da realidade.

Entretanto, não podemos esquecer que essas ações que causam revoluções, que provocam mudanças, necessitam estar assentadas em valores que integram a personalidade humana. O indivíduo deve manter a sua integridade pessoal em todas as situações, prezando pela honra aos compromissos assumidos, sendo justo para consigo mesmo e com os outros, admitindo-se imperfeito, passível de falhas, porém aprendendo a desculpar-se para não cair em lamentações que apenas acarretam perda de tempo.

Viver para a utilidade é dar um sentido novo à própria vida, de fazer as coisas certas, pelos motivos certos, agindo com assertividade. É lutar pelos próprios direitos, pelo seu bem-estar, sem se esquecer de adotar a utilidade como nova postura de comprometimento com a mudança, convertendo-se, assim, em agente transformador da realidade a sua volta.

Atitude é cumprir a missão de ser útil a todos, em todo lugar e a qualquer hora.

8

Decisão

Momento de fazer as melhores escolhas

ATITUDE
é ter coragem de assumir
as conseqüências de uma decisão
certa ou errada.

Diariamente trocamos *e-mails* com pessoas que conhecemos e que gostam de compartilhar conosco mensagens temáticas sob os mais diversos conteúdos. Recebi um particularmente interessante com o título: "Se não quiser adoecer", cuja autoria foi atribuída ao conceituado médico brasileiro, dr. Dráuzio Varela.

Um dos eslaides que compõem a apresentação trata exatamente do tema deste capítulo. O autor descreve o comportamento das pessoas indecisas: como pensam, o que sentem e o que a indecisão pode acarretar a elas, que geralmente acabam adoecendo.

É comum observar em pessoas indecisas o acúmulo de dúvidas, dificuldades para analisar com objetividade as situações, e chegar às soluções com rapidez e sem sofrimentos. Para algumas pessoas indecisas ter que optar, escolher uma coisa à outra, avaliar para decidir é um processo doloroso, angustiante e, por isso, muito desgastante. A incerteza de estar escolhendo alguma coisa causa uma sensação de abandono e medo por ter de se desapegar de algo que não se sabe ao certo do que se trata, ou se o que está por vir dará certo. Ficam mergulhadas em sentimentos ansiosos e pensamentos confusos que traduzem pouco conhecimento de si mesmos, de seus gostos, preferências, valores, competências e habilidades. Por adotarem essa conduta ansiosa tornam-se negativas, e o grau de nitidez para enxergar as soluções de seus problemas fica debilitado.

O pessimismo leva à lamentação e autodepreciação. Por sua vez, a pessoa passa a alimentar dentro de si uma imagem negativa de suas competências para lidar consigo mesma, com o que está ao seu redor e com o seu futuro. O pensamento negativo gera energia negativa que se transforma em doença de ordem física – problemas gástricos ou de pele; problemas emocionais – nervosismo e ansiedade; psicológicos – baixa auto-estima, auto-imagem distorcida, insegurança, dificuldade de relacionamento e de convivência; problemas cognitivos – dificuldades para exercer suas atividades profissionais e pessoais, avaliar as coisas e refletir sobre elas, decidir; dificuldade para iniciar, prosseguir ou terminar alguma atividade, dentre outras.

A capacidade de decisão não é mais difícil do que lidar com os sintomas da indecisão. A tomada de decisão, antes de qualquer coisa, deve ser vista como um processo e não apenas como um momento.

A história do ser humano foi toda feita de decisões e, para isso, é preciso que se entenda que, às vezes, tem-se que renunciar, perder vantagens e valores para se ganhar outros.

8 DECISÃO: momento de fazer as melhores escolhas

O processo de tomada de decisão não ocorre sozinho, requer a habilidade de analisar o que está acontecendo, levantar informações, avaliá-las adequadamente para que, finalmente, se chegue ao instante da resolução.

Veja a seguir como desenvolver e ampliar sua capacidade de decisão:

1ª Etapa – *Conhecimento da situação*

a) identifique qual é a situação ou o problema a ser resolvido;

b) faça um levantamento sobre onde e quando acontece, as pessoas envolvidas, o que aconteceu antes e depois do ocorrido;

c) reflita se esse acontecimento já ocorreu anteriormente.

2ª Etapa – *Auto-avaliação*

a) verifique se já lidou com o acontecimento e como foi que você agiu;

b) avalie como você se sentiu e o que pensou sobre si mesmo quando tentou resolver.

3ª Etapa – *Avaliação da situação*

a) levante os aspectos positivos e negativos de suas ações;

b) verifique o que faltou em suas ações para que os resultados não fossem alcançados.

4ª Etapa – *Estabelecimento de meta / objetivo a ser alcançado*
   a) defina uma meta alcançável e apropriada à situação e que também seja justa para você, cujo objetivo seja útil à realização.

5ª Etapa – *Análise das alternativas*
   a) verifique as alternativas para lidar com a situação;
   b) analise calmamente cada uma delas e avalie as vantagens/desvantagens, bem como os custos/benefícios de cada uma;
   c) escolha a alternativa que pareça ser a mais vantajosa e apropriada para você;
   d) verifique os recursos pessoais e materiais que você disponibiliza para a alternativa escolhida;
   e) faça um exercício mental, imaginando-se na situação, como se estivesse realizando a ação, de acordo com a alternativa escolhida e os recursos que possui;
   f) avalie como se sente e o que pensa sobre essa situação.

6ª Etapa – *Decisão*
   a) caso sua avaliação seja mais negativa que positiva, volte para a etapa anterior;

b) avaliou positivamente? Ótimo! Fique com esta alternativa e se reforce positivamente com palavras e sentimentos sobre a situação e sua nova conduta.

7ª Etapa – *Ação*

a) não perca de vista a meta que estabeleceu e a alternativa que escolheu para enfrentar o acontecimento. Pense nos resultados que poderá obter agora!
b) esteja atento(a) ao tempo necessário para a execução e seja flexível caso algo dê errado e precise ser modificado;
c) o mais importante: se sou capaz, você também é; se algo deu errado não se culpe ou se menospreze; avalie as dificuldades e as facilidades que enfrentou e identifique outra forma de ação mais adequada.

Com essas orientações, você se tornará uma pessoa mais habilidosa, capaz de tomar decisões e encontrar soluções para os seus problemas e dificuldades.

Desenvolva essa competência, ela está ao seu alcance. Assuma essa atitude!

Atitude é ter coragem de assumir as conseqüências de uma decisão certa ou errada.

9

Esperança

O futuro pode ser melhor

ATITUDE
é ter esperança em um futuro melhor para a humanidade, que começa a ser construído agora por nós mesmos.

Todo mundo já ouviu pelo menos uma vez a história da "Caixa de Pandora". Se não conhece o enredo, talvez já tenha escutado algo a respeito. Pandora era uma princesa da Grécia antiga que recebera de deuses ciumentos de sua beleza um presente, uma caixa misteriosa. Disseram-lhe que jamais a abrisse. Mas um dia, vencida pela curiosidade e tentação, ela ergueu a tampa para dar uma espiada, liberando no mundo os grandes males: a doença, a inquietação e a loucura. Um deus compadecido permitiu-lhe, porém, fechar a caixa a tempo de prender o único antídoto que torna suportável a infelicidade da vida: a esperança.

A esperança não é uma visão de que tudo vai dar certo como se num passe de mágica. É acreditar que com a vontade e planejamento dos meios de atingir as próprias metas, quaisquer que sejam, a pessoa se torna mais capaz de realizar as coisas.

As pessoas tendem a se diferenciar em suas condutas no que se refere ao sentimento da esperança. Algumas são capazes de sair de situações embaraçosas ou encontrar soluções para os problemas quando investidas de esperança. Percebem-se motivadas e com

9 ESPERANÇA: o futuro pode ser melhor

recursos suficientes para encontrar os meios de atingir seus objetivos, reassegurar-se numa situação difícil, ter flexibilidade para encontrar alternativas diferentes. Outras, porém, assumem uma postura derrotista ou depressiva ante os desafios ou reveses difíceis, sem mesmo tentar lutar.

Outro sentimento positivo associado à esperança e que beneficia o indivíduo, capacitando-o no alcance de suas metas, é o otimismo. O otimismo, como a esperança, significa uma forte expectativa de que, em geral, tudo vai dar certo na vida, apesar dos reveses e frustrações. Do ponto de vista da inteligência emocional, o otimismo é uma atitude que protege as pessoas da apatia, desesperança ou depressão diante das dificuldades.

O ser humano é a mais poderosa força de motivação, porque é nele que tudo começa. A motivação, porém, difere de indivíduo a indivíduo. Hendrie Weisinger, no livro *Inteligência Emocional no Trabalho*, esclarece que existem cinco elementos de motivação que são comuns a todas as pessoas: confiança, otimismo, tenacidade, entusiasmo e resistência. Para ele:

- A *confiança* nos permite crer que temos a capacidade de executar uma tarefa;
- O *otimismo* nos dá a esperança de que o desfecho será uma solução positiva;

9 ESPERANÇA: o futuro pode ser melhor

- A *tenacidade* nos mantém concentrados na tarefa;
- O *entusiasmo* nos permite ter prazer no que fazemos;
- A *resistência* nos permite começar tudo de novo.

Veja que interessante a visão deste autor sobre a motivação! Faça uma reflexão sobre essas frases, identifique as palavras-chaves de cada uma e crie uma frase motivadora para você.

Você sabe qual é a diferença entre o otimista e o pessimista?

O pessimista é aquele que vê dificuldades em todas as oportunidades, já o otimista vê oportunidades em todas as dificuldades.

E você, como vê as coisas?

O psicólogo Martin Seligman, em seu livro *Aprenda a ser Otimista*, define o otimismo como a maneira de as pessoas explicarem a si mesmas, seus sucessos e fracassos. Os otimistas vêem um fracasso como devido a alguma coisa que pode ser mudada, para que possam vencer na próxima vez, enquanto os pessimistas

9 ESPERANÇA: o futuro pode ser melhor

assumem a culpa pelo fracasso, atribuindo-o a alguma duradoura característica que não podem mudar, ou conferindo a responsabilidade de seu desempenho a outrem.

O otimismo e a esperança, assim como a impotência e o desespero, podem ser aprendidos. É uma questão de auto-eficácia, a crença em que temos controle sobre os fatos de nossa vida e podemos enfrentar os desafios quando aparecem. O desenvolvimento de qualquer tipo de aptidão fortalece o senso de auto-eficácia, tornando a pessoa mais disposta a assumir riscos de buscar desafios maiores. E a vitória sobre esses desafios, por sua vez, aumenta o senso de auto-eficácia. Essa atitude torna mais provável que as pessoas utilizem melhor quaisquer aptidões que tenham ou façam o necessário para desenvolvê-las.

Diz o ditado popular que "a esperança é a última que morre". Mas, poucos se lembram de que "a esperança é também a primeira que nasce".

Vemos aqui a dicotomia entre morte e vida. Aparentemente, a morte seria o fim de tudo e a vida, o início de todas as coisas.

Essa visão de contraste é fundamentada no *maniqueísmo*, filosofia dualística que divide o mundo entre duas potências opostas: Deus, ou o bem, e o Diabo, ou o mal. O termo maniqueísmo decorre de *Mani* ou *Manes*, deus persa, cujo corpo era formado metade pelo bem e a outra metade, pelo mal. Os adoradores

9 ESPERANÇA: o futuro pode ser melhor

desse deus entendem o mundo como um verdadeiro campo de batalha em que duas forças opostas, o bem e o mal, sempre se enfrentam.

Atualmente, o adjetivo *maniqueísta* foi popularizado e é empregado para toda doutrina que se fundamenta na oposição entre os princípios do bem e do mal. E essa visão pode ser a responsável pela manifestação do preconceito em suas múltiplas facetas, quer seja de raça, sexo, religião, sociocultural e outras formas ainda tão presentes nos diversos povos disseminados pelos cinco principais continentes do planeta.

Daí igualmente decorrem outros opostos que mentalmente definimos entre: branco/preto; claro/escuro; luz/treva; céu/inferno; vida/morte...

O filme Corpo Fechado (*Unbreakable*, 2000), que traz no elenco os atores Bruce Willis e Samuel L. Jackson, e dirigido pelo cineasta indiano M. Night Shyamalan, mostra essas diferenças ao destacar que um personagem é o retrato da treva e do mal, ao passo que o outro personifica a luz e o bem, tão tipicamente representado nas histórias em quadrinhos ao retratar heróis e vilões que travam inúmeras batalhas. O final da narrativa geralmente confere a vitória ao bem.

O curioso é que quando nos aventuramos em reflexões filosóficas, a razão nos leva a entender que tais opostos ou contrastes são aparentes e mantêm estreita vinculação entre si.

9 ESPERANÇA: o futuro pode ser melhor

Todos mantemos em nossa intimidade as forças do bem e do mal, embora acredite que a natureza humana seja essencialmente boa. Fazer com que uma ou outra força seja vitoriosa depende principalmente de nós.

Afinal, *atitude* é ter esperança em um futuro melhor para a humanidade, futuro que começa a ser construído agora por nós mesmos.

Palavras finais

Agora que chegou ao final desta jornada, o que esta leitura significou para você?

Para nós, este não é um momento de despedida, daqueles em que nos desfazemos de coisas importantes ou nos afastamos de pessoas a que nos habituamos ter ao nosso lado.

Esperamos que este livro, *Atitude! O que ninguém pode fazer por mim*, tenha feito alguma diferença para você, proporcionando-lhe inquietações, reflexões e questionamentos sobre quem você é e como se encontra atualmente.

Que seja o princípio de uma caminhada, repleta de desafios e oportunidades, despertando-lhe sentimentos de procura de quem ainda você pode ser, com novas atitudes que só você poderá tomar a partir de hoje, como agente de mudança dentro da própria realidade, desafiando o tempo, utilizando sua inteligência, buscando soluções úteis para seus problemas, realizando as melhores escolhas na vida, relacionando-se em paz consigo mesmo e com o semelhante, construindo um futuro melhor para todos nós.

Atitude é ...

Ação...
Tempo...
Inteligência...
Tentativa...
Utilidade...
Decisão...
Esperança!

REFERÊNCIAS

ARRUDA, Vitório César Mura de. *A inteligência espiritual*: espiritualidade nas organizações. São Paulo: Ibrasa, 2005.

ARALDI, Nereu Jorge. *Fazer o bem vale a pena*. 3. ed. Caxias do Sul, RS: Theus, 2002.

AVEDIANI, Renata. Vilões do tempo: conheça as armadilhas que podem roubar o tempo que você dedica ao trabalho e sugar sua produtividade. *Você S/A*, p. 66-69, set. 2006.

BECK, Aaron T. et al. *Terapia cognitiva da depressão*. Porto Alegre, RS: Artmed, 1997.

CABALLO, VICENTE E. *Manual de técnicas de terapia e modificação do comportamento*. São Paulo: Santos, 1999.

COVEY, Stephen R. *O oitavo hábito*: da eficácia à grandeza. Rio de Janeiro: Elsevier, 2005.

_____. *Os sete hábitos das pessoas altamente eficazes*: lições poderosas para a transformação pessoal. 27. ed. Rio de Janeiro: Best Seller, 2006.

CURY, Augusto. *O futuro da humanidade*: a saga de um pensador. 4. ed. Rio de Janeiro: Sextante, 2005.

DATTILIO, Frank M.; FREEMAN, Arthur. *Estratégias cognitivo-comportamentais de intervenção em situações de crise*. Porto Alegre, RS: Artmed, 2004.

DRUCKER, Peter F. *A administração na próxima sociedade*. São Paulo: Nobel, 2002.

FENSTERHEIM, Herbert; BAER, Jean. *Não diga sim quando quer dizer não*. 26. ed. Rio de Janeiro: Record, 2002.

FISHER, Robert. *O cavaleiro preso na armadura*: uma fábula para quem busca a trilha da verdade. 8. ed. Rio de Janeiro: Record, 2006.

FRIEDBERG, Robert D.; MCCLURE, Jessica M. *A prática clínica de terapia cognitiva com crianças e adolescentes*. Porto Alegre, RS: Artmed, 2004.

GOLEMAN, Daniel. *Inteligência emocional*: a teoria revolucionária que redefine o que é ser inteligente. 28. ed. Rio de Janeiro: Objetiva, c1995.

_____. *Inteligência social*: o poder das relações humanas. Rio de Janeiro: Elsevier, 2006.

GOLDWSMITH, Marshall; LYONS, Laurence; FREAS, Alyssa. *Coaching*: o exercício da liderança. Rio de Janeiro: Elsevier, 2003.

GOTTMAN, John M.; DECLAIRE, Joan. *Relacionamentos*: cinco passos para uma vida emocional mais feliz na família, no gtrablaho e no amor. Rio de Janeiro: Objetiva, 2003.

HAWKEN, Paul; LOVINS, Amory; LOVINS, L. Hunter. *Capitalismo natural*: criando a próxima revolução industrial. 2. ed. São Paulo : Cultrix, 2000.

HUNTER, James C. *O monge e o executivo*: uma história sobre a essência da liderança. Rio de Janeiro: Sextante, 2004.

JOHSON, Spencer. *Quem mexeu no meu queijo*: para jovens. Rio de Janeiro: Record, 2003.

KIYOSAKI, Robert T.; LECHTER, Sharon L. *Pai rico, pai pobre*: o que os ricos ensinam a seus filhos sobre dinheiro. 59. ed. Rio de Janeiro: Elsevier, 2000.

LOBOS, Julio. *Ética e negócios*. São Paulo: Instituto da Qualidade, 2003.

MAQUIAVEL. *O príncipe*: comentado por Napoleão Bonaparte. Trad.: Pietro Nassetti. São Paulo: Martin Claret, 2002.

MILITÃO, Albigenor; MILITÃO, Rose. *Histórias e fábulas aplicadas a treinamento*. Rio de Janeiro: Qualitymark, 2002.

MINICUCCI, Agostinho. *Relações humanas*: psicologia das relações interpessoais. 6. ed. São Paulo: Atlas, 2001.

MOSCOVICI, Felá. *Desenvolvimento interpessoal*: treinamento em grupo. 14. ed. rev. e amp. Rio de Janeiro: José Olympio. 2004.

MUSSAK, Eugenio. *Metacompetência*: uma nova visão do trabalho e da realização pessoal. 4. ed. rev. São Paulo : Gente, 2003.

PASSADORI, Reinaldo. *Comunicação essencial*: estratégias eficazes para encantar seus ouvintes. São Paulo: Gente, 2003.

RAHDE, Maria Beatriz Furtado. A solidão do herói. *40 Sessões do Imaginário*. Porto Alegre: FAMECOS / PUCRS, n. 7, dez. 2001. Disponível em <http://www.pucrs.br/famecos/imagina/edicao-7/marias7.pdf>. Acesso em: 19 nov. 2006.

ROGERS, Carl R. *Tornar-se pessoa*. São Paulo: Martins Fontes, 1999.

SELIGMAN, Martin. *Aprenda a ser otimista*. 2.ed. Rio de Janeiro: Nova Era, 2005.

TZU, Sun. *A arte da guerra*. Porto Alegre, RS: L&PM, 2006.

WEIL, Pierre. *A arte de viver a vida*. 2. ed. Brasília, Letrativa, 2004.

WEISINGER, Hendrie. *Inteligência emocional no trabalho*: como aplicar os conceitos revolucionários da I.E. nas suas relações profissionais, reduzindo o stress, aumentando sua satisfação, eficiência e competitividade. Rio de Janeiro: Objetiva, 2001.

ÍNDICE

acabar em pizza, 79
ação, 45-54, 90, 111
acertar na mosca, 79
aconselhamento, 15
administração holística, 71
administrador, 58
adolescência, 81
adrenalina, 41
agenda, 64, 65
agente de mudança, 121
agilidade, 60
Agostinho, 8
agressividade, 81
ajuda profissional, 15, 43
alteridade, 102
alternativa, 110
ambiente profissional saudável, 53
ameaça, 39
ansiedade, 38-40, 63
ansioso, 38
Aprenda a ser otimista, 117
Aristóteles, 8
arrependimento, 72
Arruda, Vitório, 71
assertividade, 103
atenção, 63
atitude, 8, 13, 14, 54, 66, 75, 93, 103, 111, 120, 121

auto-ajuda, 13
auto-avaliação, 109
autoconceito, 34
autoconhecimento, 72
autoconsciência, 19-22, 63, 84
autodepreciação, 108
auto-eficácia, 118
auto-estima, 33-34, 81
autogestão, 74
autopercepção, 13, 19-22
avaliação, 26, 109
Avediani, Renata, 60
Baer, Jean, 82
bem, 118
bem e mal, 119, 120
bem-estar, 103
bem-viver, 74
bom, 101
cafezinho, 62
caixa de Pandora, 115
caminhada, 37, 52, 121
Cannon, Walter, 40
caráter, 69
certeza, 51
chutar o pau da barraca, 79, 95
ciências, 57
cientista, 58
comer cru e quente, 79, 95

compartilhamento, 100
competência, 53, 60, 108
comportamento, 14, 30-32, 40
comportamento inassertivo, 49
compromisso, 65
comunicação, 82
concentração, 63
confiança, 51, 116
conhecimento, 109
consumismo, 102
coração e razão, 75
corda toda, com a, 79
corpo e mente, 41
Corpo fechado, 119
cortisol, 41
Covey, Stephen, 48, 53
criador, 9
criança, 81
criatividade, 53, 69
crítica, 88-93
crítico e criticado, 89, 93
Cronos, 58
culpa, 118
curiosidade, 115
Cury, Augusto, 9
decisão, 48, 75, 79, 107-111
defensiva, 90, 92
depressão, 42-44
deprimido, 43
desafio, 121
Descartes, 8
descascar o abacaxi, 79, 95
desejos, 73
desespero, 118
desilusão, 99
desistência, 80
despedida, 121
Deus, 118
dia de glória, 79
diabo, 118
diagrama de seleção de tarefas, 65
diferenças, 74
dimensões, 57
disciplina e organização, 59
dispersão, 63
doença, 108
doutores, 73
Eclesiastes, 58
egoísmo, 102
e-mails, 61, 107
emoções, 10, 29, 35
enfiar o pé na jaca, 79, 95
entrar pelo cano, 79, 95
entusiasmo, 35, 117
epíteto, 73
equilíbrio, 9, 28
equilíbrio profissional, 9
equipe, 64
escolhas, 75
escuta dinâmica, 84
esperança, 7, 35, 115-120
Espiritualidade nas organizações, 71

esporte, 37
essencial e supérfluo, 65
estresse, 40-42
estrutura cognitiva, 23
exercícios de relaxamento, 37
exercícios de respiração, 37
falar e ouvir, 83-88
família, 53, 81
fé, 51
felicidade, 88, 90, 99, 100, 102
Fensterheim, Herbert, 82
ferramentas administrativas, 73
Ferreira, Oscar Manuel de Castro, 49
ficção científica, 58
filosofia, 8
filósofo, 58
flexibilidade, 116
foco, 63
fracasso, 80, 117
fragilidade emocional, 7
frustração, 99
futilidade, 101
futuro, 102, 120
ganha-ganha, 88
Gardner, Howard, 69
Goleman, Daniel, 20, 71
Grécia, 115
Guimarães, André, 49
habilidades sociais, 80, 82, 94
hábito, 53
hedonismo, 102

história
• caixa de Pandora, 115
• dois cachorros, 22
• dois monges, 30
• três crivos, 100-101
homem, 100
homeostase, 40
impotência, 118
impressões, 23
incerteza, 107
indecisão, 75, 107
infância, 81
infelicidade, 115
influência, 53
insatisfação, 63
integridade, 103
inteligência, 69-75
Inteligência emocional no trabalho, 116
inteligência emocional, 20, 71, 116
inteligência espiritual, 71
inteligência social, 71
inteligências múltiplas, 69-70
internet, 61
interrupções, 62
Jackson, Samuel, 119
lamentação, 108
lei de Murphy, 79
leitura, 15
líder, 53
liderado, 53
liderança, 54

linguagem proativa, 50
linguagem reativa, 50
Lucca, Maria de, 74
mal, 118
maledicência, 101
maneirismos, 81
mania, 63
maniqueísmo, 118
maniqueísta, 119
materialismo, 102
Mayer, John D., 71
meditação, 8
medo, 72
medo de ser criticado, 63
mente, 23
mercado de trabalho, 60
mestres, 73
meta, 73, 110
Metacompetência, 64
metafísica, 8
meteorologista, 58
Minicucci, Agostinho, 53
missão, 47, 48, 99
morte e vida, 118
motivação, 35-38, 116
mudança, 15, 75, 103
músico, 58
Mussak, Eugenio, 64
Não diga sim, quando quer dizer não, 82
objetividade, 74
Oitavo hábito, O, 53

Olimpo, 58
oportunidade, 121
organização e disciplina, 59
otimismo, 116, 118
otimista, 117
ouvir e falar, 83-88
paciência, 52
Pandora, 115
paradigmas, 32
paz, 9
pensamento, 73
pensamento e sentimento, 27
pensamento negativo, 36, 108
pensamento positivo, 36
percepções, 24
perseverança, 51
personalidade, 69, 103
perspicácia, 60
pessimismo, 108
pessimista, 17
planejamento, 66
plano, 66, 73
plenitude, 99
poeta, 58
positividade, 92
prazer, 35
preconceito, 119
prioridade, 59, 64
proatividade, 48
problema, 22-27, 39, 93-94
processamento das informações, 23

produtividade, 53
psicologia, 69
psiquismo enfermo, 8
QE, 72
QI, 71
QS, 72
razão e coração, 75
realidade, 24
relacionamento interpessoal, 27, 53, 81, 83, 87
religioso, 58
renúncia, 108
resistência, 117
resolução de problemas, 93-94, 109
responsabilidade, 48, 91
resultado, 99
reuniões, 61
sabedoria, 69
Salovey, Peter, 71
saúde, 64
seleção das informações, 84
Seligman, Martin, 117
sentido à vida, dar, 99
sentimento, 32-35
sentimento e pensamento, 27
servir, 99
Sete hábitos das pessoas alta. mente eficazes, Os, 48
Shyamalan, M. Night, 119
sociedade, 53, 100
Sócrates, 100-101

sofrimento, 32, 75, 99
sogra, 79
Spinoza, 8
sucesso, 80
super-herói, 64
tagarela, 83
telefonemas, 62
tempo, 57-66
tenacidade, 117
tensão, 66
tentação, 115
tentativa, 79-95
terapeuta, 15
timidez, 81
tiques ver maneirismos
trocando os pés pelas mãos, 79
urgente e importante, 65
útil, 101
utilidade, 99-103
utilitarismo, 102
valores, 47, 48, 103
verdadeiro, 101
viagem íntima, 15
visão, 47, 48, 102
vitória, 51
Você S/A, 60
vontade, 51
vulnerabilidade, 90
Weisinger, Hendrie, 116
Willis, Bruce, 119
Zeus, 58

Esta obra foi foi impressa nas oficinas gráficas da LGE Editora,
na fonte *Zapf Humanist BT,* corpo 11,
entrelinhas de 15 pontos, em papel Offset 75 g/m² (miolo)
e papel Cartão Supremo 250 g/m² (capa).